KB273687

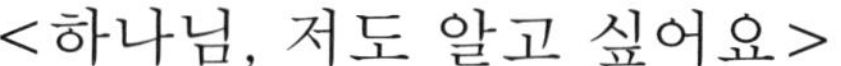

<하나님, 저도 알고 싶어요>

하나님 저도 알고 싶어요

초판 1쇄 | 2026년 2월 18일 펴냄

지은이 | 곽호, 진영채, 황성재

편집자 | 소재웅
일러스트 | 슬기
북디자인 | 루디아153

펴낸 곳 | 도서출판 훈훈
주소 | 경기도 고양시 덕양구 소원로 267
이메일 | toolor@hanmail.net
홈페이지 | blog.naver.com/toolor
인스타그램 | @hunhun_hunhun

하나님, 저도 알고 싶어요

발달장애인과 함께하는 **신앙 안내서**

지은이
곽 호
진영채
황성재

훈훈

우리 교단에는 아직 발달장애인을 위한 신앙 교육 공과가 부족합니다. 그래서 그동안 각 교회의 발달장애인 부서는 궁여지책으로 유치부 공과나 초등 저학년 공과를 사용해 왔습니다. 이러한 현실은 발달장애인 성도들에게 (마땅히 주어져야 할) 맞춤형 신앙 교육의 기회를 제한하며, 그들의 영적 성장에 큰 제약이 되고 있습니다. 교회가 장애인을 차별하지 않는다고 말하면서도 발달장애인 성도의 신앙 교육에 관심을 기울이지 않는다면, 이는 결과적으로 그들을 교회 공동체에서 소외시키는 것과 다르지 않습니다. 이는 단순한 배려의 부족을 넘어, 신앙 공동체로서의 책임과 사명을 제대로 수행하지 못하고 있다고 볼 수 있습니다.

한 교회의 발달장애인 부서를 담당하고, 발달장애인 아이를 키우며, 발달장애인과 함께하는 교회 개척하고, 발달장애인 주간보호센터를 운영했던 저희 집필진은 이러한 문제의식을 더욱 절실하게 느껴왔습니다. 변화하지 않는 교회의 현실에 불평만 하고 있을 수는 없었습니다. 저희는 함께 모여 교회 현장에서 장애인 성도들이 경험하는 어려움에 대해 깊이 공감하면서, 단순한 관심이나 동정심만으로는 현실의 문제를 해결할 수 없다는 것을 절실히 깨달았습니다.

그래서 저희는 2025년 6월부터 두 주에 한 번씩 모여 발달장애인 부서가 사용할 수 있는 교재를 직접 만들기 시작했습니다. 발달장애인들이 하나님의 말씀을 조금 더 쉽게 이해하고 가까이 다가갈 수 있도록, 짧은 문장과 그림, 활동, 반복되는 핵심어를 통해 성경 이야기를 자연스럽게 배울 수 있도록 구성했습니다. 또한 이 교재는 혼자 읽기보다는 교사와 부모, 친구, 그리고 발달장애인 부서의 목회자와 함께 읽도록 만들어졌습니다. 말씀을 함께 나누고, 서로의 생각을 들어주며, 질문하고 대답하는 가운데 하나님을 더욱 깊이 알아가게 될 것입니다.

준비 과정에서 여러 시행착오와 논의가 있었지만, 이를 통해 발달장애인 신앙 교육에 필요한 실제적 자료와 방법을 구체화할 수 있었습니다. 현장의 목회자와 교사들의 다양한 요구를 반영할 수 있었던 것도 큰 소득이었습니다. 더불어 QR코드를 통해 언제 어디서나 누구든 이 교재에 반복적으로 접근할 수 있도록 영상 자료를 제작했습니다. (이 일을 위해 촬영과 편집을 맡아주신 왕십리중앙교회 이사라 전도사님께 깊은 감사를 드립니다.)

사실 이 교재는 발달장애인 성도만을 위한 것이 아니라, 발달장애인과 비장애인이 함께할 수 있는 교재입니다. 한국 개신교의 역사가 깊어지면서 우리만 이해하는 전문적 표현이나 종교적 언어들이 많이 생겨났습니다. 이 교재는 그러한 신앙 언어를 가능한 한 쉽게 풀어 설명함으로써, 이제 막 신앙생활을 시작한 성도들이나 작은 성경 공부 모임을 운영하고자 하는 분들에게도 유용하도록 구성했습니다. 또한 한 회차가 끝날 때마다 '장애인을 사랑한다고 말하지만 구체적으로 어떻게 사랑해야 할지 고민하는 모든 분들'에게도 실질적인 지침이 되도록 장애 이해와 관련한 글들을 실었습니다. 부디 이러한 노력이 장애인과 비장애인간의 장벽을 허물고 함께 주 안에서 성장하는 통로가 되어지고, 보다 건강한 공동체를 형성하는 일에 기여하기를 소망합니다. 더불어 교회 공동체 모두에게 유익한 신앙 자원이 되기를 기도하며, 더 많은 관심과 참여가 이어지기를 바랍니다.

마지막으로 이 교재를 통해, 발달장애인 성도들이 품고 있는 "하나님, 저도 알고 싶어요"라는 열망이 응답받기를 소망합니다. 그들이 교회 안에서 소외되지 않고, 교회의 온전한 일원이자 예수님의 제자이자 하나님의 백성임을 깊이 경험하게 되기를 간절히 바랍니다.

2026년 2월 사순절을 앞두고

곽 호, 진영채, 황성재

목 차

추 천 사 1

곽 호, 진영채, 황성재, 세 분의 목사님을 하나님께서 귀하게 사용하심에 감사드립니다. 하나님께서 세 분을 통해 정말 소중한 신앙교재를 발간하게 하셨습니다. 이 모든 일을 이루신 하나님을 찬양합니다.

보내주신 원고를 보면서 우리나라에 발달장애인이 무려 27만여 명이나 된다는 것을 알고 깜짝 놀랐습니다. 이들은 비장애인과는 다르게 사물을 인지하고 습득하고 판단하기도 합니다. 이것은 신앙의 영역에서도 마찬가지일 것입니다. 이번에 발간되는 교재 <하나님, 저도 알고 싶어요>는 이런 분들에게 신앙적 가이드를 주고자 준비되었습니다.

이 교재는 세 분 목사님들이 발달장애인들의 현실적 필요를 잘 알고 준비한 소중한 자료입니다. 저자들은 현장에서 다양한 분들을 돕고 신앙적으로 인도하는 경험을 가진 분들입니다. 현장의 체험은 더욱 실제적 효용성을 가진 교재를 편찬하는 데 유용하다고 믿습니다.

더불어 이 교재는 발달장애인의 눈높이에서, 그들의 마음으로 하나님의 진리를 바라보게 하고, 이해하게 하고, 믿고 따르게 하는 교재입니다. 더구나 세 분이 함께 집필함으로써 서로의 경험을 풍성하게 하고, 동시에 무리가 없도록 잘 다듬게 하신 것도 감사한 일입니다.

앞으로 <하나님, 저도 알고 싶어요>가 널리 활용될 뿐 아니라, 활용하는 과정에서 더 풍성한 내용이 채워지고, 그리고 현장에서 더 효용가치가 높은 교재로 계속 발전하게 될 줄 믿습니다.

소외되기 쉬운 이들을 사랑하는 마음으로 귀한 교재를 집필, 편찬하신 세 분 목사님들에게 감사를 드립니다. 이 교재가 아름답게 사용되어 많은 발달장애인들이 하나님의 품에 이르게 되길 소원합니다.

김운성 목사(영락교회)

추 천 사 2

저는 중증 지적장애 아이의 엄마입니다. 아이는 돌 무렵 유아세례를 받았고 이후 발달장애 판정을 받았습니다. 말로 자신의 생각을 표현하는 것도 글을 읽고 쓰기도 쉽지 않은 아이입니다. 그래서 언젠가 13~15세가 되어 스스로 신앙을 고백하는 세례 문답을 하게 될 날을 떠올리면 우리 아이에게 유아세례가 신앙의 전부가 될 수도 있겠다는 생각에 마음이 무거웠습니다.

그런데 <하나님, 저도 알고 싶어요>를 만나며 작은 희망이 생겼습니다. 아이와 함께 이 책을 펼쳐 들고 쉬운 그림과 짧은 글로 구성된 동화 같은 이야기를 따라가다 보니 "아, 이렇게도 하나님의 사랑을 알아갈 수 있겠구나"라는 생각이 들었습니다.

이 책은 하나님이 우리의 기도를 듣고 계시는지, 정말 기도를 들어주시는지, 그리고 우리는 어떻게 기도하면 되는지를 따뜻한 그림과 간결한 문장으로 풀어냅니다. 믿음을 '해야 할 과제'로 요구하지 않고, 부담 없이 다가오도록 조심스럽게 초대합니다.

글이 서툰 우리 아이들에게, 그리고 예수님을 향해 이제 막 마음의 문을 열기 시작한 어른들에게 이 책을 추천합니다. 예수님을 '바라'보는 데, 그리고 예수님을 '바로' 보는 데 이 책은 큰 도움이 될 것입니다.

이지현 집사(아임히얼공동체)
* 아임히얼공동체는 발달장애인과 함께하는 선교공동체입니다.

추 천 사 3

교회의 모든 사역이 그 특성과 상황 때문에 저마다의 부침이 있지만, 그중에서도 발달장애인 사역은 참으로 많은 어려움을 안고 있습니다. 교회 안에서도 발달장애에 대한 인식 부족, 재정적인 어려움, 교육교재와 프로그램의 부재, 봉사자 부족 등 수없이 많은 어려움을 가지고 있습니다. 그러나 분명한 사실은 발달장애인 또한 하나님이 사랑하시는 귀한 자녀이며, 그리스도 안에서 하나님의 영광을 드러내는 귀한 일꾼이라는 것입니다.

발달장애인도 하나님의 사랑과 은혜 안에 거하기를 원하고, 하나님과 그의 세계에 관하여 알기를 원하고, 하나님의 귀한 일에 쓰임 받기를 원합니다. 그러나 현실은 그런 기회와 사역에 있어서 몹시 열악합니다. 때마침 이번에 교회 일선에서 귀한 사역을 감당하고 계시는 곽호, 진영채, 황성재 목사님이 <하나님, 저도 알고 싶어요>라는 발달장애인과 함께하는 신앙교육 공과교재를 발간하였습니다. 참 귀한 일이고, 꼭 필요한 일이고, 무엇보다 하나님이 기뻐하시는 일이라고 생각합니다. 세 분 목사님의 수고에 깊이 감사드립니다. 이 교재로 말미암아 이 땅의 발달장애인과 그 가족들에게 귀한 복음이 전파되고, 그분들의 신앙이 성장하는 역사가 일어나기를 간절히 소원합니다. 아울러 이 교재가 발달장애인 사역을 하는 교회와 부서, 교역자들과 교사들에게 큰 지침이 되고 현실적인 도움이 되리라 믿습니다.

이 교재는 일차적으로 10대, 20대의 발달장애인을 생각하고 기획한 것이지만, 비단 발달장애인에게만 국한된 것은 아닙니다. 발달장애인을 위한 것이라면, 이 교재를 통하여 세상 모든 사람이 복음과 신앙을 보다 쉽게 배우고 익히게 되리라 여겨집니다. 부디 이 교재를 시작으로 앞으로 여러 다양한 연령과 특성과 상황 속에 있는 발달장애인들을 위한 신앙교육 공과교재가 계속해서 발간되기를 기대합니다. 세 분 목사님의 수고에 거듭 감사드리며, 이 교재가 하나님께 영광이 되고, 교회의 현장에서 귀한 결실을 맺게 되기를 간절히 소망하며 기도합니다.

최대열 목사(발달장애인선교연합회 회장)

추 천 사 4

교회는 예수 그리스도의 몸으로서 장애인을 향한 예수 그리스도의 사랑을 전달하는 통로가 될 사명을 받았다. 그러나 교회가 그 역할을 충분히 담당했다고 말하기는 어렵다. 특히 장애인 교육 분야는 더욱 분발해야 할 분야다. 이런 맥락에서, 발달장애인 교육 자료인 <하나님 저도 알고 싶어요>의 발간은 가뭄의 단비처럼 반가운 소식이 아닐 수 없다.

이 책의 발간 의의와 사용 방법에 대해서는 이 책 스스로가 '프롤로그'와 '우리 함께, 알아가보아요'에서 잘 밝히고 있다. "교회가 장애인을 차별하지 않는다고 말하면서도 발달장애인 성도의 신앙 교육에 관심을 기울이지 않는다면, 이는 결과적으로 그들을 교회 공동체에서 소외시키는 것과 다르지 않습니다." 구체적인 관심과 행동의 중요성을 촉구하는 말이다. 또한 "마가복음 2장에는 중풍병으로 인해 몸이 불편한 친구가 예수님께 나아갈 수 있도록 '베리어프리' 역할을 감당한 신실한 네 친구(four friends)의 이야기가 나옵니다." 장애인과 장애인 이웃(부모를 비롯한 가족, 친구, 교사, 목회자 등)이 함께 하는 교육의 중요성을 강조하는 말이다.

이 책은 이 목적을 이루기 위해 두 가지에 유의했다. 첫째, 장애인 친화적 교재가 되도록, 장애인이 이해하기 쉬운 용어로 번역하는 작업을 했다. 둘째, 장애인과 비장애인이 함께 공부하도록 구성되었다.

또한 이 책은 작은 책이지만, 장애인 기독교인에게 꼭 필요한 내용을 신앙의 기초부터 신앙생활에 이르기까지 압축적으로 알차게 다뤘다. 부디 이 책이 널리 사용되어, 장애인 교육에 기여하고, 나아가 장애인 교육 발전을 위한 초석이 되기를 바란다. 다시 한번 이 책 출간을 진심으로 축하한다.

안교성 교수(한국기독교역사문화관 관장, 한국장애인신학회 회장)

<하나님, 저도 알고 싶어요>라는 발달장애인을 위한 쉬운 신앙입문서를 만나게 되어 정말 기쁩니다. 기존 입문서들과 달리 어려운 단어 없이 쉽게 풀어서 설명해 주니 이해하기 쉬웠어요. 평소 교회에서 잘 모르고 사용하던 단어들도 쉽게 설명되어 있어서 앞으로 신앙생활을 하는 데 많은 도움이 될 것 같습니다.

저 같은 학생들뿐만 아니라 처음 교회에 나오시는 어른들이나 새신자들이 읽어도 좋을 것 같아요. 그림체도 귀엽고, 내용을 이해하는 데 큰 도움이 됩니다. 앞으로 더 많은 교재들이 이렇게 쉽고 친절하게 만들어졌으면 좋겠습니다. 이 책을 만드느라 고생하신 목사님들 선생님들께 감사의 인사를 전합니다.

노민영 학생(다다예술학교 고등부)

책의 활용법

일반적인 신앙 낱말 사전은 추상적이고 비유적인 표현이 많아 발달장애인 당사자들이 그 뜻을 이해하는 데 많은 어려움을 느낍니다. '구원', '성령', '십자가'와 같은 기본적인 신앙 용어조차 온전히 이해하기 어려워 신앙생활에 깊이 참여하지 못하고, 결국 예배와 공동체 활동의 주변부로 밀려나는 안타까운 현실에 놓이게 됩니다. 이 책은 발달장애인의 정보 접근성을 보장하고, 스스로 신앙을 이해하고 표현할 수 있도록 돕기 위해 만들어졌습니다. 이를 위해 모든 내용은 최대한 직관적인 문장과 쉬운 설명, 그리고 이해를 돕는 그림으로 구성하였습니다.

1. 교회의 공과 공부 시간

이 책은 교회 내 발달장애인 예배 부서의 공과 자료로 사용하기에 가장 효과적입니다. 그동안 발달장애인 부서에서 적절한 교육 커리큘럼 부재로 어려움을 겪으셨다면, 이 책이 효과적인 신앙 교육의 대안이 될 것입니다. 더불어, 발달장애인과 비장애인이 함께하는 통합공과로 활용되기를 바랍니다.

2. 주요 대상과 맞춤형 사용

이 책은 주로 10대, 20대 발달장애인을 대상으로 집필되었습니다. 하지만 발달장애는 개인의 특성에 따라 다양한 차이를 보이기에, 책의 내용과 방법은 정해진 틀 없이 자유롭게 활용하시면 됩니다. 더불어, 발달장애의 유형이나 정도에 관계없이, 쉬운 언어로 교회에서 사용되는 여러 개념들을 설명하기 원하는 누구에게나 이 책은 좋은 길잡이가 될 것입니다.

3. 반복적인 훈련과 멀티미디어 활용

이 책은 단순히 읽는 것을 넘어, 몸과 마음으로 익히는 것을 목표로 합니다. 발달장애인들이 신앙 단어를 완전히 자기 것으로 만들 수 있도록 다음과 같은 활동들을 반복해 주세요.

- **소리 내어 읽기**: 책에 있는 단어와 설명을 큰 소리로 읽어보세요. 소리 내어 읽는 것은 단어를 기억하고 이해하는 데 큰 도움이 됩니다.
- **따라 쓰기**: 책에 있는 단어를 직접 손으로 따라 써보세요. 쓰기 활동은 눈으로 보는 것 이상의 학습 효과를 가져옵니다.
- **QR 코드를 활용한 영상 학습**: 각 회차에 있는 QR 코드를 스마트폰으로 스캔하면 해당 회차 내용을 설명하는 영상으로 연결됩니다.

저희는 발달장애인 사역 현장에서 복음을 더 쉬운 언어로 당사자에게 전달하는 데 깊은 갈증을 느껴왔습니다. 우리 사회의 정보와 언어는 대부분 비장애인과 고학력자 중심으로 구성되어 있어, 발달장애인과 같은 정보 취약 계층은 일상생활의 작은 선택부터 시민으로서의 권리 행사에까지 어려움을 겪습니다. 이러한 현실을 바라보며, 저희는 이 문제가 단순히 사회복지적 사각지대를 넘어, 그리스도인으로서 하나님의 말씀을 이해하고 삶으로 살아내는 '신앙적 권리'의 문제임을 깨달았습니다.

「발달장애인 권리보장 및 지원에 관한 법률」이 공공 정보의 쉬운 접근성을 강조하듯, 교회 또한 마땅히 이들을 위한 '쉬운 신앙 언어'를 계발해야 한다고 확신합니다. 발달장애인 당사자 스스로가 신앙생활의 주체로 설 수 있도록 돕는 것이 교회의 중요한 사명 중 하나이기 때문입니다. 이 책은 바로 그 믿음을 구체적으로 실천한 결과입니다.

하나님,
저도 알고 싶어요
1월
천지창조 1

천지창조1

유튜브링크

❶ 하나님께서 세상을 만드셨습니다.

이것을 '창조'라고 합니다.

🖍 창세기 1장 1절의 말씀을 함께 읽고 써 봅시다.

하나님께서 세상 모든 것을 만드셨습니다.

❷ 창조 순서를 함께 알아볼까요?

창조 전,
이 세상은 캄캄했습니다. 그리고 아무것도 없었습니다.

오직 하나님만 계셨습니다.

첫째 날,

하나님께서 말씀하셨습니다.

'빛이 있으라'

그리고 빛을 '낮'이라고, 어둠을 '밤'이라고 부르셨습니다.

둘째 날,

하나님께서 말씀하셨습니다.

‘물과 물은 갈라져라’

그리고 위를 ‘하늘’, 아래를 ‘바다’라고 부르셨습니다.

셋째 날,

하나님께서 말씀하셨습니다.

'물은 한 곳으로 모여라'

물이 모인 곳을 '바다',
물이 없는 곳을 '땅'이라고 부르셨습니다.

땅에는 풀과 꽃과 나무를 만드셨습니다.

넷째 날,

하나님께서 말씀하셨습니다.

‘하늘에 해와 달과 별아! 만들어져라’

해가 비출 때를 ‘낮’,
달이 비출 때를 ‘밤’이라고 부르셨습니다.

"발달장애인과 함께 한다는 것은?"
(지붕뚫고, four friends)

'베리어프리(Barrier-Free)'라는 단어는 합성어입니다. Barrier(장애물) + Free(자유), 즉 장애물로부터 자유롭게 한다는 의미로 주로 장애인, 노약자, 임산부 등 사회적 약자들이 불편함 없이 생활할 수 있도록 물리적·제도적 장벽을 제거하고 시스템을 갖추는 것을 말합니다. 마가복음 2장에는 중풍병으로 인해 몸이 불편한 친구가 예수님께 나아갈 수 있도록 '베리어프리' 역할을 감당한 신실한 네 친구(four friends)의 이야기가 나옵니다.

중풍병은 마비증을 의미합니다. 오늘날이라면 장애인 택시나 휠체어를 타고 이동했겠지만, 당시에는 그런 것이 불가능했습니다. 하지만 신실한 네 명의 친구들이 마비증 환자를 침상째로 들어 이동의 장애로부터 자유롭게 도와준 것입니다. 어렵게 가버나움에 계신 예수님의 집에 도착했지만, 이미 예수님의 소문을 듣고 많은 사람들이 몰려 있었고, 도저히 집 안으로 들어갈 수 없는 상황이었습니다. "여기에 아픈 사람이 있습니다!", "예수님을 만나야 할 사람이 있습니다!" 아무리 외쳐도 자리를 비켜주는 사람은 없었습니다. 수많은 군중이 하나의 거대한 장벽이 되어, 예수님께 나아가는 길을 막고 있었던 것입니다. 하지만 신실한 네 친구는 포기하지 않았습니다. 그들은 침상을 든 채 지붕으로 올라가, 지붕을 뜯고 환자를 예수님 앞에 내렸습니다. 예수님 앞에 사랑하는 친구가 나아갈 수 있도록 온 힘을 다한 것입니다. 정말 놀라운 모습입니다. 예수님을 믿는 믿음은, 세상의 견고한 진을 뚫고 나아가게 합니다.

예수님은 네 친구와 마비증 환자의 믿음을 귀히 여기셨고, 회복과 치유를 더해 주셨습니다. 네 친구와 같은 교사로서, 발달장애인과 함께할 수 있으면 좋겠습니다. 혼자 하면 어려운 부분이 많지만, 함께함으로 장벽도, 지붕도 뚫고 예수님께 나아갈 수 있는 것입니다.

예수님의 마음이, 바로 이곳에 있지 않을까 생각해 봅니다.

하나님,
저도 알고 싶어요

2월
천지창조 2

천지창조 2

유튜브링크

다섯째 날,

하늘에 새들을,
바다에는 물고기들을 만드셨습니다.

여섯째 날,

하나님께서 땅 위에 여러 가지 동물들을 만드셨습니다.

모든 것을 만드신 후,

하나님께서는 사람을 만드셨습니다.
그리고 '축복'해주셨습니다.

✏️ 창세기 1장 28절의 말씀을 함께 읽고 써 봅시다.

하나님께서 사람에게 복을 주셨습니다.

그리고 만드신 모든 것을 사람에게

주셨습니다.

하나님께서 만드신 모든 것을 보시고 만족해 하셨습니다.

하나님 마음에 들었습니다.

일곱째 날,

하나님께서는 모든 일을 마치고 쉬셨습니다.
이것을 '안식'이라고 합니다.

우리도 일곱째 날에 쉬며,
하나님께 감사하는 시간을 갖습니다.
이 날을 '주일'이라고 합니다.

MONTHLY PLAN

일	월	화	수	목	금	토
	1	2	3	4	5	6
7 거룩한 주일 = 쉼	8	9	10	11	12	13
14	15	16	17	18	19	20
21	22	23	24	25	26	27
28	29	30	31			

"나는 장애인을 차별하지 않는다고요? 정말일까요?"

『선량한 차별주의자』라는 책을 보면, 우리나라에 차별을 받는 사람은 많다고 하는데, 정작 차별을 하는 사람은 없다고 말합니다. 다시 말해서 차별을 하고는 있지만, 하고 있다는 것을 인식하지 못하는 사람들이 많다는 것입니다. 더 안타까운 것은 장애인 자녀를 둔 부모나 장애인과 가까이에서 함께 하는 사람들이 차별을 인식하지 못하는 경우가 많습니다. 선량한 차별주의자는 무의식적 편견으로 차별을 하고 있음에도 스스로 지각하지 못하는 사람들을 의미합니다. 우리가 어렸을 때 주로 코미디 프로에서 즐겁게 보았던 캐릭터들을 떠올려 보면, '영구', '맹구', '오서방' 등 흔히 말하는 바보 캐릭터들입니다. 하지만 사실 이들은 바보가 아니라 발달장애인입니다. 우리가 웃으며 즐거워 할 때, 마음 아파하는 사람들이 있었음을 기억해야 할 것입니다.

유머의 영역은 민감한 부분을 순간적으로 풀어내는 효과가 있습니다. 즉, 어느 정도는 선을 넘는 것을 허용한다는 것입니다. 예로부터 광대는 임금을 풍자하며 권력자의 추악함을 드러냈습니다. 하지만 그 풍자가 권력자가 아닌 약자를 향하게 될 경우, 그것은 유머가 아니라 누군가에게 폭력이 될 수 있습니다. 발달장애인은 의외로, '함께하고자 하는 사람들'로부터 차별을 받기도 합니다. 혹시나 우리의 섬김이 차별이 되지 않도록, 장애 감수성을 기르고, 발달장애인에 대한 건강한 인식을 가질 수 있어야 합니다.

(예시)

"발달장애인인데 생각보다 공부를 잘하네."

→ 발달장애인은 공부를 못할 것이는 편견입니다.

"저 정도면 정상에 가까운 편이지."

→ '정상-비정상'이라는 차별적 기준에 따라 사람을 평가하는 표현입니다.

3월
사순·부활절

사순·부활절

유튜브링크

❶ 사순절은 무엇일까요?

사순절은 교회의 절기 중 하나입니다.

사순절의 '사순'은 숫자 40을 말합니다.
사순절은 40일 동안의 기념일이 됩니다.

❷ 사순절은 무엇을 하는 날일까요?

묵상은 '여러 번 생각하는 것'입니다.

 시편 1편 2절을 함께 읽어보고 써보세요.

하나님의 말씀을 읽어봅시다.

말씀의 뜻을 여러번 생각해봅시다.

✝ 묵상 하나

사순절에는 예수님의 고난을 묵상합니다.
고난은 '어려운 일'을 말합니다. '하기 싫은 일'을 말합니다.

예수님의 고난은 '십자가에 못 박혀 죽으신' 일입니다.

❸ 예수님의 고난, 왜 묵상할까요??

우리를 향한 하나님의 사랑을 알게됩니다.

 로마서 5장 8절을 함께 읽고 써 봅시다.

우리는 죄인입니다.

죄인은 모두 죽게 됩니다.

예수님께서 죄인 대신 죽으셨습니다.

이렇게 우리에게 하나님의 사랑을

확실히 보여주셨습니다.

묵상 둘

사순절에는 예수님의 부활을 묵상합니다.
부활은 '죽었다가 다시 살아나는 것'입니다.

예수님께서는 3일 후에 살아나셨습니다.

❹ 예수님의 부활, 무슨 의미일까요?

'예수님이 우리와 항상 함께 계신다'는 뜻입니다.
우리는 이것을 **천국**이라고 말합니다.

요한복음 20장 21절을 함께 읽어보고 써 봅시다.

예수님이 말씀하셨습니다.

내가 항상 너희와 함께 있을 것이다.

그리고 너희에게 큰 기쁨이 있을 것이다.

5 부활절

부활절은 '사순절의 마지막 날'입니다

부활절은 어떤 의미를 가지고 있을까요?

첫째, 예수님께서 죽음을 이기시고 다시 살아나셨습니다.
그래서 우리는 부활절을 기쁜 마음으로 보냅니다.

둘째, 예수님은 지금도 우리와 함께 계십니다.
그래서 우리는 하나님께서 주시는 평안과 기쁨을 누릴 수 있습니다.

"장애인과 함께하려면, 먼저 갖춰야 할 한 가지?"

장애감수성

　장애인을 온전히 이해하고 함께하고자 하는 사람은 무엇보다 장애 감수성을 가진 언어를 사용합니다. 장애 감수성은 '장애'와 '감수성'이 결합한 것으로 장애에 대한 올바른 이해와 더불어 장애인이 겪는 차별, 불편, 사회적 배제에 공감하고 이를 민감하게 인식하는 태도와 능력을 말합니다. 이는 단순히 장애를 인식하는 것을 넘어, 장애인과 비장애인이 함께 살아가는 사회를 만들기 위해 필요한 기본적인 소양입니다.

잘못된 표현	올바른 표현
정상인과 비정상인	비장애인과 장애인
불구자, 불구	지체장애인
귀머거리	청각장애인
맹인, 장님, 소경	시각장애인
벙어리, 벙어리장갑	언어장애인, 손 모아 장갑
정신지체자	지적장애인
정신병자	정신장애인
간질환자, 발작환자	뇌전증장애인

정상인과 비정상인

　'정상성'이라는 말은 사실 그 의미가 분명하지 않습니다. 사람마다 '정상'이라는 단어를 다르게 해석하고, 사회 전체적으로도 정확히 어떤 것이 '정상'인지에 대한 합의가 없기 때문입니다. 예를 들어, 어떤 사람은 정상을 평균이라고 생각하고, 또 어떤 사람은 다수가 하는 행동이나 모습이라고 여기기도 합니다. 또는 사회가 정해놓은 어떤 기준을 따르는 것이라고 볼 수도 있습니다. 하지만 사실은, 이 셋 중 어떤 것도 '정상'이라는 개념을 완전히 설명해주지는 못합니다. 결국 '정상성'이라는 말은 존재하지만, 그 안에 담긴 의미는 모호하다고 할 수 있습니다.

　우리는 '정상성'이라는 단어 자체와, '정상화된 사회'라는 개념을 구별해서 볼 필요가 있습니다. 여기서 말하는 정상화된 사회는 모두가 똑같이 살아야 하는 사회가 아닙니다. 오히려 서로 다른 삶의 방식과 생각, 차이를 인정하고 받아들이는 통합사회를 의미합니다. 문제는 '정상성'이라는 개념이 때때로 이런 다양성을 억누르거나, 다른 사람을 배제하는 기준으로 사용될 수 있다는 점입니다. 그래서 우리는 '정상'이라는 말이 언제, 어떻게 쓰이는지, 그리고 그 말이 어떤 영향을 주는지를 더 비판적으로 생각해야 합니다.

4월
교회

교회

유튜브링크

1 교회는 무엇일까요?

교회가 건물을 가질 수 있습니다.
하지만 교회는 건물이 아닙니다.

'교회 가자', '예배 보러 가자'라는 말 대신,
'예배하러 가자'라고 말해봅시다.

② 교회는 사람입니다.

고백은 '말하는 것'입니다.
마음속으로 생각하는 것입니다.

예수님을 하나님의 아들로 고백하는 사람을 '성도'라고 부릅니다.
'성도'가 바로 '교회'입니다.

 고린도전서 3장 16절을 함께 읽고 써 봅시다.

당신은 하나님의 교회입니다.

하나님께서는 교회에 계십니다.

❸ 교회는 공동체입니다.

교회는 성도들의 모임입니다. 이것을 '공동체'라고 합니다.

✏️ 사람이 많아야 교회일까요? 그렇지 않습니다.
마태복음 18장 20절을 함께 읽고 써 봅시다.

두 사람, 세 사람이 모입니다. 그리고

예수님을 하나님의 아들이라 고백합니다.

그곳이 교회입니다.

교회에서 하나님께 '사랑합니다'라고 고백합니다.

이것을 '예배'라고 합니다.

내 옆의 친구를 보며, '사랑합니다'라고 고백합니다.
도움이 필요하다면, 도와줍니다.
이것을 '섬김'이라고 합니다.

내 옆의 친구에게 예수님을 소개합니다.
예수님이 하나님의 아들이라고 알려줍니다.
이것을 '전도'라고 합니다.

"장애의 기준, 너무 좁은 건 아닐까요?"

장애의 유형은 사람마다 겪는 어려움의 원인과 양상이 다르기 때문에, 법에서는 이를 세분화하여 구분하고 있습니다. 일반적으로 「장애인복지법」에서는 장애를 신체장애와 정신장애로 나누고, 그 아래에 세부 유형을 규정하고 있습니다. 신체적 장애는 신체 기능의 손상이나 내부 장기의 질환으로 인해 나타나는 장애를 말하며, 정신장애는 인지 · 정서 · 행동 기능의 어려움으로 인한 장애를 의미합니다.

장애 유형(장애인복지법 시행령 2조 1항)

신체적 장애		정신적 장애	
외부장애	내부장애	발달장애	정신장애
지체장애	신장장애	지적장애	정신장애
뇌병변장애	심장장애	자폐성장애	
시각장애	호흡기장애		
청각장애	간장애		
언어장애	장루/요루장애		
안면장애	뇌전증장애		

우리나라는 법적으로 인정되는 장애의 유형이 상대적으로 제한적이고 협소한 편입니다. 현재 「장애인복지법」에서는 15가지 유형만을 공식적으로 분류하고 있는데, 이는 의학적 기준 중심으로 분류된 것이 많아 사회적 · 환경적 요인을 충분히 반영하지 못하고 있다는 지적을 받고 있습니다. 이로 인해 일상생활에서 실질적인 어려움을 겪고 있음에도 불구하고 법적 장애인으로 인정받지 못하는 사례가 발생하고 있습니다.

반면, 해외 여러 국가에서는 장애를 보다 유연하고 포괄적으로 바라보고 있습니다. 예를 들어, 미국은 암, 에이즈, 알코올 중독자 등을 장애인의 범주에 포함시키며, 영국은 당뇨병 환자, 스웨덴은 의사소통이 어려운 외국인 이민자도 장애로 인정하고 있습니다. 이처럼 각국은 장애를 단순한 의학적 질병이 아닌, 생활 속 제약과 차별 가능성을 기준으로 판단하고 있습니다. 우리나라도 장애에 대한 건강한 인식과 확장이 필요합니다.

하나님,
저도 알고 싶어요

5월
예배

여수님 밀으세요 !!!!

하나님이
당신을
사랑하십니다.

하나님은
당신을
사랑하십니
-JESUS LOVES Y

예 배

유튜브링크

우리는 교회에서 무엇을 할까요?

① 성경 말씀을 배웁니다.

② 복음을 전합니다.

이것을 '전도'라고 합니다.

❸ 어려운 사람을 도와주기도 합니다.

이것을 '구제'라고 합니다.

❹ 서로를 위해 기도합니다. 또, 안부를 묻기도 합니다.

이것을 '교제'라고 합니다.

1) 성경공부

2) 전도

3) 구제

4) 교제

모두 사람을 위한 일입니다.

하지만, 예배는 다릅니다.

'예배'는 하나님을 만나는 시간입니다.

그리고 하나님께 '사랑합니다'라고 고백하는 시간입니다.

❺ 예배란 무엇일까요?

예배는 하나님의 말씀을 따르기로 결정하는 시간입니다.
예배는 '예수님처럼 살겠습니다'라고 다짐하는 시간입니다.

이것을 '순종'이라고 합니다.

"장애는 개인에게 있을까요? 사회에게 있을까요?"

장애에 대한 인식은 개별적 모델과 사회적 모델로 설명하고 있습니다. 개별적 모델(Medical Model 치료적 모델)의 정의는 한 사람의 신체적·정신적 기능상의 차이로 인해 일상생활이나 사회적 활동에 제약을 받는 상태를 의미합니다. 이 정의는 장애를 개인의 기능적 한계로 보고, 의료적 접근을 중심으로 장애의 원인과 치료 가능성에 초점을 둡니다. 즉, 장애는 개인 내부에 존재하는 문제로 간주되며, 그에 따른 어려움은 개인이 극복하거나 보완해야 할 과제로 인식됩니다. 이러한 관점은 주로 치료, 기능 향상 등에 중점을 두고 있으며, 사회적 요인보다는 개인의 상태에 책임을 두는 특징이 있습니다.

사회적 모델(Social Model 환경중심 모델)은 장애가 개인의 문제가 아니라, 그를 둘러싼 환경의 문제로 바라봅니다. 사회 환경 속에 존재하는 물리적 장벽과 장애에 대한 왜곡된 인식이 오히려 장애를 발생시키는 주요 요인이 됩니다. 따라서 각 개인의 차이를 인정하고, 개인에 맞는 사회적 지원이 이루어진다면 장애는 존재하지 않거나 최소화될 수 있습니다. 장애는 사회적 장벽으로 인해 경험되는 현실이며, 이러한 경험을 겪는 존재가 바로 장애인입니다. 즉, 장애의 책임은 개인에게만 있는 것이 아니라, 배려 없는 환경과 부적절한 지원 체계에 있는 것입니다.

세계보건기구(WHO)는 1980년, 장애를 의학적 손상의 직접적인 결과로 보고, 손상된 기능이나 능력이 곧 장애를 구성한다고 정의했습니다. 그러나 2001년에는 장애의 개념에 환경적 요인의 영향을 강조하며, 신체적 요소와 환경적 요소간의 상호작용을 반영한 새로운 정의를 채택하였습니다. 즉, 장애를 더욱 다양하고 포괄적인 요인들로 이해하고, 이러한 요인들을 장애 범주에 포함할 깃을 권고하고 있습니다.

장애패러다임의 변화

장애 개념	개별적 모델 → 사회적모델
정책 전환	치료 → 활동
교육	특수교육 → 통합교육
교통	개별적 대응 → 이동권 보장
주거	시설보호 → 커뮤니티케어

6월
성경

성경

유튜브링크

❶ 성경이란 무엇일까요?

성경은 '하나님의 말씀'입니다.
하나님께서 성경을 우리에게 선물로 주셨습니다.

성경을 읽으면 하나님의 생각을 알 수 있습니다.

첫째, 마음을 다하여 하나님을 사랑합시다.
둘째, 이웃을 내 몸처럼 사랑합시다.

② 성경은 66권의 책으로 이루어져 있습니다.

이중에서 구약성경은 39권입니다.
그리고 신약성경은 27권입니다.

③ 성경은 아주 오랫동안 기록 되었습니다.

구약성경은 모세 이후, 약 1,500년 동안 기록 되었습니다.
신약성경은 예수님 이후, 약 100년 동안 기록 되었습니다.

❹ 성경은 여러 사람이 기록했습니다.

그중에는 모세, 다윗, 베드로, 바울 등이 있습니다.

❺ 우리는 성경을 가지고 무엇을 해야 할까요?

먼저, 매일 성경을 묵상해야 합니다.
매일 성경을 읽는다는 뜻입니다.

 시편 119편 97절을 읽고 써봅시다.

내가 하나님의 말씀을

매일 소리 내어 읽습니다.

❻ 우리는 성경 말씀을 실천해야 합니다.

실천은 '배운 것을 지킨다는 뜻'입니다.
이런 사람을 그리스도인이라고 부릅니다.

하나님께서 에덴동산을
'아름답게 가꾸라' 고
명령하셨습니다.
[창세기 2장 15절]

그리고

'너의 부모를 존경해라',
'사랑해라' 라고
명령하셨습니다.
[레위기 19장 10절]

"평등과 형평을 혼동해서 생긴 역차별?"

어떤 사람들은 장애인에게 조금 더 많은 자원이나 배려가 주어지는 것을 보고 '역차별'이라 느끼기도 합니다. 하지만 이는 '평등(Equality)'과 '형평(Equity)'의 차이를 충분히 이해하지 못한 데서 비롯된 오해일 수 있습니다. 평등은 모든 사람에게 같은 조건과 자원을 주는 것이지만, 이는 모두가 동일한 출발선을 가졌을 때나 가능한 방식입니다. 예를 들어, 휠체어를 사용하는 사람이 계단만 있는 공간에서 다른 사람과 '같은 조건'을 제공받았다고 해서 과연 '같은 기회'를 누릴 수 있을까요?

반면 형평은 사람마다 처한 상황과 필요를 고려해 실질적인 기회를 보장하는 것입니다. 장애인이 비장애인보다 조금 더 많은 지원을 받는 것은 특혜가 아니라, 그들이 사회에 참여하고 평등한 기회를 갖기 위한 '공정한 조치'입니다. 이는 특정 집단을 우대하기 위한 것이 아니라, 모두가 함께 살아가는 사회를 만들기 위한 최소한의 배려입니다. 단순히 같게 나누는 것이 아니라, 함께 할 수 있도록 나누는 것이 형평입니다.

성경에서 정의는 법과 규례를 공명정대하게 집행하는 사법적 정의로, 누구든지 동일한 법 앞에 평등하게 서야 한다는 원리를 말합니다. 이는 자본주의 사회에서 말하는 공정한 판결과 동일한 개념으로, 모든 사람에게 같은 기준과 기회를 주는 평등(Equality)의 기초가 됩니다. 그러나 성경은 여기에 머물지 않고 공의를 통해 하나님의 긍휼과 자비를 함께 강조합니다. 공의는 연약한 자(이방인, 고아, 과부, 억눌린 자, 갇힌 자)를 향한 하나님의 긍휼한 마음을 반영한 개념으로 각 사람의 상황에 맞게 사랑을 베푸는 형평(Equity)을 의미합니다. 정의가 '법 앞에 평등'을 통해 공정한 토대를 세운다면, 공의는 '형평의 사랑'을 통해 공동체가 함께 살아갈 수 있는 현실적인 삶을 완성합니다.

7월
기도

기도

기도는 혼자 중얼거리는 주문이 아닙니다.
기도는 '하나님과 대화하는 시간'입니다.

마태복음 6장 7절의 말씀을 함께 읽고 써 봅시다.

기도는 똑같은 말을 반복하는 것이

아닙니다. 그런 기도는 하나님께서

듣지 않으십니다.

하나님은 우리의 기도를 듣고 계십니다.

그리고 이루어주십니다.
이것을 '응답'이라고 말합니다.

✏️ 시편 34편 15절의 말씀을 함께 읽고 써 봅시다.

하나님은 기도하는 사람을

찾으십니다. 그리고 그 기도를

들어주십니다.

❷ 그렇다면, 우리는 어떻게 기도해야 할까요?

첫째,
우리는 '하나님은 내 삶의 주인이십니다'라고 기도해야 합니다.

그리고 '하나님의 뜻대로 살겠습니다'라고 고백해야 합니다.

둘째,
우리는 하나님께 '필요한 것을 달라'고 기도해야 합니다.
하나님은 우리의 필요를 아시는 분입니다.

셋째,
우리는 '죄에 빠지지 않게 해 달라'고 기도해야 합니다.

"장애인을 하나님께서 사용하실까요?"

히브리어 '카탄'은 다윗을 가리킬 때 사용된 '막내'라는 의미의 단어입니다. 곧 가장 연약한 자를 의미합니다. 사무엘이 기름부음을 주고자 이새의 아들들을 만났을 때, 다윗은 그 자리에 없었습니다. 막내였고 양을 치는 자였기에 아버지가 다윗만 빼고 부른 것입니다. 육신의 아버지 눈에는 연약한 막내가 주목받지 못했지만, 하나님은 그 연약한 막내를 사용하셨습니다.

하나님께서 사람의 몸으로 이 땅에 오셨습니다. 하나님이 사람이 되셨다는 것은 우리가 상상할 수 없을 정도로 불편함을 감수해야 하는 일이지만, 그럼에도 오신 이유는 연약한 우리를 구원하시기 위해서입니다. 예수님의 공생애를 돌아보면, 예루살렘에서 상위 1%의 사람들을 변화시켜 세상을 바꾸려 하신 것이 아니라, 나사렛이라는 시골 마을에서 장애인, 고아와 과부, 병자들과 함께하시며 하나님 나라를 이루어 가셨다는 걸 확인할 수 있습니다. 낮은 곳을 향하는 예수님의 마음을 우리는 그분의 삶 속에서 만나게 됩니다.

오늘날 우리 사회가 주목하는 것은 무엇입니까? 우리를 이끌어가는 키워드는 무엇입니까? 편리주의, 실용주의, 생산성 중심의 자본주의, 경쟁주의, 외모지상주의, 이러한 사상들이 대세를 이루며 결국 사람들의 가치관을 형성하기도 합니다. 이대로 가다가는 연약한 자들이 설 곳이 없는 사각지대가 더 많이 생겨날 수 있을 것 같아 우려가 됩니다. 예수님께서는 "지극히 작은 자에게 한 것이 곧 나에게 한 것이다"라고 말씀하셨습니다. 예수님의 마음이 있는 곳에 우리의 마음이 함께할 때, 우리는 예수님을 닮아가는 교사의 삶을 살아가게 될 것입니다.

8월
헌금

헌금

유튜브링크

❶ 헌금이란 무엇일까요?

헌금은 '돈을 드리다'라는 뜻을 가지고 있습니다.

그렇다면, 헌금은 누구에게 드리는 것일까요?

목사님께 드리는 것일까요?
아닙니다.

헌금은 하나님께 드리는 것입니다.

❷ 헌금은 '내 모든 것을 하나님께 드린다'는 뜻입니다.

이것을 '**봉헌**'이라고 합니다.
그리고 '나의 주인은 하나님이십니다'라고 고백하는 것입니다.

❸ 헌금은 훈련하는 것입니다.

훈련은 배워서 알게 되는 것입니다.

특별히, 돈에 대한 욕심을 버리는 법을 배우게 됩니다.
우리는 이것을 '절제'라고 합니다.

하나님께 드릴 것을 따로 떼어 놓아요

헌금으로 어려운 형편에 처한 사람을 도울 수 있습니다.
이것을 '구제'라고 합니다.

 고린도후서 8장 3~4절의 말씀을 함께 읽고 써 봅시다.

마게도냐 사람들은 가난한 사람,

도움이 필요한 사람을 위해

열심히 헌금했습니다.

"발달장애인이 비장애인에게 도전을 주는게 있다고요?"
(발달장애인 주뽕이를 통해 알게 된 비밀)

주신마을이라는 곳에 어린이들이 살고 있었어요. 왜 주신마을이 되었을까요? 그건 이 마을의 아이들이 하나님께 많은 선물을 받았기 때문이에요. 한 아이는 운동을 잘하는 선물을 받았고, 또 한 아이는 미술을 잘하는 선물을 받았어요. 어떤 아이는 요리를 잘하는 선물도 받았지요. 그런데 이 마을에 주뽕이라는 아이가 있었는데, 하나님으로부터 어떤 선물을 받았는지 알 수 없었기에 사람들은 의아했어요.

주뽕이는 걷는 것도 느리고, 휠체어를 타고 다녀야 할 때도 있고, 자주 넘어지기도 해요. 몸이 불편해서 약도 많이 먹어야 했어요. 우리 몸을 움직이게 하는 사령관이 누구일까요? 바로 뇌죠! 뇌 안에는 아주 작고 조그마한 신호들이 전기처럼 찌릿찌릿 움직여요. 이 신호들이 "손 들어!" 하면 손이 올라가고, "손 내려!" 하면 손이 내려가는 거예요. 그런데 주뽕이의 뇌는 몸에게 "움직여!" 하고 말해주는 걸 조금 느리게 보내요. 그래서 다른 아이들처럼 빨리 움직일 수는 없어요. 어른들은 이런 것을 '뇌병변 장애'라고 불러요. 그리고 주뽕이의 뇌는 가끔 전기 신호를 너무 많이 보내기도 해요. 그러면 어떻게 될까요? 몸이 떨리거나, 잠깐 멍해지거나, 자리에서 쓰러져 경련이 일어나기도 해요. 이것을 '뇌전증'이라고 불러요. 그래서 사람들은 주뽕이를 많이 걱정하기도 해요.

하지만 주뽕이는 다른 사람들과 뇌가 조금 다를 뿐이에요. 마음은 우리와 똑같아요! 같이 놀고 싶고, 맛있는 것도 나눠 먹고 싶고, 함께 웃고 싶어 해요. 그런데 그게 잘 안 될 때, 주뽕이는 문을 "쾅" 닫기도 하고, 물건을 던지거나, 사람들의 관심을 끌고 싶은 행동을 하기도 해요. 그럼, 주뽕이에게 하나님이 주신 선물은 무엇일까요?

주뽕이는 참 강한 아이에요. 다른 사람들보다 조금 느리지만, 잘 참고 인내할 줄 알아요. 느려도 자기 일을 하나씩 해 나가요. 교회에 가고, 학교에 가고, 치료실도 열심히 다녀요. 그리고 뇌전증으로 쓰러질 때마다 오뚝이처럼 다시 일어나는 담대한 용기를 가지고 있어요. 주신 마을에 "빨리빨리" 살아가는 사람들에게 "천천히, 함께 걷는 것"이 얼마나 소중한지 알려주고, 지금 이 순간을 소중히 여기는 삶도 가르쳐 주었어요. 사람들이 잘 몰라서 그렇지, 하나님이 주뽕이를 통해 주시는 선물이 참 많답니다. 주뽕이를 보면 이런 마음을 품게 돼요.

"혼자 못하면 함께하면 되고, 빨리 못하면 순간에 충실하면 되고, 같이 있으면 그런 건 큰 문제가 아니야."

9월
전도

전도

❶ 전도란 무엇일까요?

전도는 복음을 전파하는 일입니다.
전파란 '전하는 것'입니다.

❷ 우리가 전할 복음은 어떤 내용일까요?

1. 하나님께서 당신을 사랑하십니다.
2. 예수님은 하나님의 아들입니다.
3. 예수님께서 십자가에서 우리의 모든 죄를 용서해주셨습니다.

예수님을 모르는 사람에게 복음을 전파해야 합니다.
하나님은 모든 사람이 **구원**받기를 원하시기 때문입니다.

사도행전 1장 8절을 함께 읽어보고 써보세요.

너희가 모든 곳에서 내 증인이 되리라

증인이란 '보고 들은 것을 전하는 사람'입니다.

❹ 우리는 어디서 복음을 전할 수 있을까요?

학교에서 친구에게 복음을 전할 수 있습니다.
마트에서 만난 사람에게 복음을 전할 수 있습니다.
회사에서 같이 일하는 사람에게 복음을 전할 수 있습니다.

❺ 우리는 어떻게 전도할 수 있을까요?

우리는 혼자가 아닙니다.

하나님께서 우리와 항상 함께하십니다.
우리가 예수님을 잘 전할 수 있도록 힘을 주십니다.

 하나님을 모르는 사람의 이름을 적고 기도합시다.

1. **가족**(이름 적기)

2. **친구**(이름 적기)

3. **이웃**(이름 적기)

"자폐성 장애가 무엇인가요?"

자폐성 장애인의 뇌는 어떤 모습일까요? 우리의 뇌는 세상에서 들려오는 소리, 사람들이 하는 말, 표정, 냄새, 그리고 촉감 같은 것들을 받아들이고, 어떻게 행동해야 할지 알려주는 지휘자 같은 역할을 해요. 그런데 자폐성 장애인의 뇌는 이 신호들을 받아들이는 방식이 조금 달라요. 어떤 친구는 아주 작은 소리도 크게 들리고, 약간의 불빛도 밝게 느끼기도 해요. 그래서 갑자기 귀를 막거나, 눈을 찡그리고 "싫어!"라고 말할 수 있어요. 이건 예민하거나 나쁜 행동이 아니에요. 뇌가 지금 힘들다는 신호를 보내고 있는 거예요.

자폐성 장애인은 사람들의 말이나 표정을 이해하는 데 시간이 더 필요해요. 선생님이 웃으며 "괜찮아"라고 말해도, 그게 기쁜 건지, 슬픈 건지 헷갈릴 수 있어요. 그래서 "지금 기분이 어때?" 같은 질문에 대답하기 어려울 때도 있어요. 말보다는 그림이나 손짓으로 마음을 전하는 걸 더 편하게 느끼기도 해요. 눈을 잘 마주치지 않는다고 해서 부끄러워하는 건 아니에요. 그냥 뇌가 그렇게 반응하는 거예요. 그리고 계획된 일이 바뀌면 마음이 불안해지기도 해요. 예를 들어 놀이터에 가기로 했는데 갑자기 못 가게 되면, 마음속에서 "왜?"라는 혼란이 생기는 거죠. 이럴 때 어떤 친구는 같은 말을 계속하거나, 손을 흔드는 행동을 반복하기도 해요. 이건 뇌가 "괜찮아, 괜찮아" 하고 스스로를 진정시키는 방법이에요. 이런 모습을 우리는 처음엔 잘 모를 수도 있지만, 알고 나면 더 잘 이해할 수 있어요. 놀라지 않고 잠시 기다려주고, 마음을 나누면 함께할 수 있어요.

자폐성 장애인은 소리, 숫자, 그림, 음악 등 한 가지에 깊이 집중하며 놀라운 재능을 발휘하는 경우가 많아요. 때로는 비장애인보다 더 섬세하고 창의적인 방식으로 세상을 바라보고 표현해요. 겉으로 보기엔 조금 다르게 느껴지고 행동할 수 있지만, 그 안에는 특별하고 소중한 선물이 숨어 있어요.

10월
교회력

교회력

유튜브링크

❶ 교회의 절기

교회 절기를 '교회력'이라고 말합니다.
'절기'는 명절이나 기념일을 뜻합니다.

왜 절기를 지킬까요?
절기를 지킴으로써 예수님을 더 깊이 알게 됩니다.

절기를 대표하는 색깔이 있습니다.
그리고 색깔마다 다른 의미가 있습니다.

❷ 대림절

대림절은 교회의
첫 번째 절기입니다.
보라색은 참회, 기다림,
준비를 뜻합니다.

대림절은 이 땅에 오실
아기 예수님을 기다리는
절기입니다.

③ 성탄절

성탄절은 예수님의 탄생을
축하하는 날입니다.
흰 색은 기쁨, 영광,
순결을 뜻합니다.

성탄절은 태어나신
아기 예수님을 보며
기뻐하는 절기입니다.

④ 사순절

사순절은 예수님의
십자가 고난과 죽음을
생각하는 절기입니다.
대표하는 색은
짙은 보라색입니다.

❺ 부활절

부활절은 다시 살아나신
예수님께 기쁨을
표현하는 절기입니다.
대표하는 색은
흰 색입니다.

❻ 성령강림절

성령강림절은 부활절 후,
50일째 되는 날입니다.
대표하는 색은
붉은 색입니다.
붉은 색은
기도, 성령을 뜻합니다.

성령강림절 ~ 대림절

성령강림절 이후,
대림절까지 녹색을
사용합니다.

녹색은 성령을 경험한
그리스도인의 성장을
뜻합니다.

"장폐성 장애인이 갑자기 큰 소리를 내거나
손을 흔드는 이유는 무엇인가요?"

멜트다운과 텐트럼

멜트다운은 자폐성 장애인이 감각 자극이나 스트레스에 의해 감정을 더 이상 조절하지 못할 때 나타나는 비의지적 반응입니다. 예기치 않게 큰 소리를 지르거나 울고, 손을 휘두르거나 땅바닥에 주저앉는 등의 행동이 나타날 수 있습니다. 이것은 일부러 그러는 것이 아니라, 신체와 뇌가 감당할 수 없는 자극을 받은 결과로 나타나는 자연스러운 반응입니다. 반면 텐트럼은 주로 유아나 어린아이가 원하는 것을 얻기 위해 의도적으로 보이는 정서적 표현 행동입니다. 예를 들어, 장난감을 사달라고 떼를 쓰거나, 관심을 끌기 위해 바닥에 드러눕고 우는 경우가 해당합니다. 두 행동은 겉으로 보기에 유사해 보일 수 있으나, 원인과 목적, 통제 가능성에서 분명한 차이가 있습니다. 멜트다운은 감각 과부하나 스트레스 등 외부 자극에 대한 반응으로 발생하며, 외적 통제나 보상에 반응하지 않습니다. 반면 텐트럼은 자기 의도를 관철하기 위한 행동으로, 주변 반응에 따라 진정되거나 멈추는 경우가 많습니다. 다만, 실제 상황에서는 두 반응이 동시에 나타나기도 하며, 외부에서 이를 명확히 구분하기 어려운 경우도 많습니다.

멜트다운의 예방과 대처

멜트다운은 사전에 일정한 전조 증상이 나타나는 경우가 많습니다. 손을 반복적으로 흔든다거나, 이를 간다거나, 갑작스럽게 큰 소리를 내는 등의 행동은 감각적 불쾌감이나 스트레스의 신호일 수 있습니다. 이때 적절한 개입이 중요합니다. 예를 들어, 조용하고 안정적인 장소로 이동하기, 따뜻한 언어로 소통하기, 함께 있어주기 등은 자폐성 장애인의 마음을 안정시키는데 도움이 됩니다. 만약 멜트다운이 본격적으로 시작되었다면, 자극이 적은 조용한 공간으로 자폐성 장애인을 안전하게 이동시키는 것이 가장 효과적인 방법입니다. 예를 들어, 암막 커튼이 설치된 방이나 외부 소음을 차단할 수 있는 개인 공간이 좋습니다. 억지로 통제하기 보다는, 자폐성 장애인 스스로 감정을 정리하고 안정감을 되찾을 수 있도록 환경을 조성하는 것이 핵심입니다.

멜트다운과 텐트럼은 모두 자폐성 장애인의 내면에서 발생하는 불안, 스트레스, 감각 과부하에 대한 반응입니다. 이를 단순한 어려운 행동으로 단정짓기보다는, 자폐성 장애인의 입장에서 그 이유를 이해하고 상황에 맞게 지원하는 것이 필요합니다.

11월
추수감사절

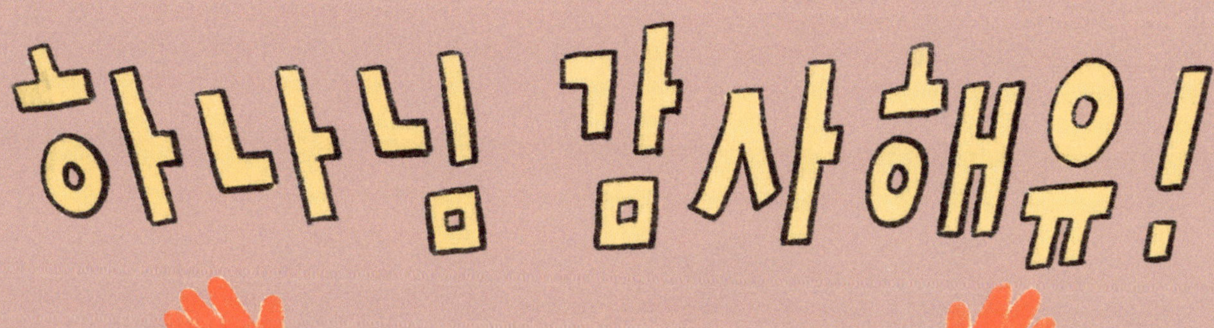

추수감사절

유튜브링크

❶ 추수감사주일은 어떤 날일까요?

추수감사주일은 하나님께 감사하는 날입니다.
하나님께서 우리에게 많은 것들을 주셨기 때문입니다.

✝ 묵상 하나

하나님께서는 우리에게 무엇을 주셨나요?

하나님께서는 세상을 만드시고 우리에게 주셨습니다.

하나님은 아름다운 세상을 만드셨습니다.
맑은 하늘, 푸른 바다, 귀여운 동물들을 주셨습니다.
우리는 하나님이 주신 아름다운 세상에서 살아갑니다.

이 모든 것을 주신 하나님께 감사합니다.

하나님은 우리가 필요한 것을 주셨습니다.

하나님은 우리가 먹을 맛있는 음식과 입을 옷을 주셨습니다.
하나님은 우리가 공부하고 놀 수 있는 즐거운 하루를 주셨습니다.
우리는 하나님이 주신 모든 것을 누리며 살아갑니다.

이 모든 것을 주신 하나님께 감사합니다.

하나님이 우리에게 복을 주셨습니다.

그리고 말씀하셨습니다.

씨를 가진 모든 채소와 열매를

너희에게 주니, 먹을거리가 될 것이다.

하나님은 우리에게 구원을 선물로 주셨습니다.

우리는 모두 죄를 지었습니다.
하지만, 예수님은 우리 죄를 대신하여
십자가에서 죽으시고, 다시 살아나셨습니다.
이 모든 것을 주신 하나님께 감사합니다.

 하나님께 감사한 내용을 읽고 써 봅시다.

1. 하나님, 구원을 선물로 주셔서 감사합니다.

2. 하나님, 먹을 것을 주셔서 감사합니다.

3. 하나님, 아름다운 세상을 주셔서 감사합니다.

"장애인이 '보냄을 받은 예수님의 제자'라고요?"

요한복음 9장에 그려진 선천적 시각장애인과 예수님의 이야기는 단순한 시력 회복의 기적을 뛰어넘어, 예수님을 만난 한 영혼이 진정한 제자로 거듭나는 놀라운 여정을 보여줍니다. 그렇기에 이 이야기는 성경이 말하는 구원이 단지 '한 장애인이 비장애인이 되는 물리적 변화'가 아니라, '예수 그리스도를 믿고 그분을 삶의 주인으로 따르는 신앙의 과정까지 포함된다는 것'을 상세히 알려주지요.

이 이야기 속에서 '본다'는 의미는 점차 깊어집니다. 시각장애인은 앞을 보게 된 이후에 예수님에 관하여 "예수라 하는 사람"(11절)이라 칭하며 막연하게 생각했지만, 시간이 흐르면서 "선지자"(17절)로, 나중에는 "하나님께로부터 오신 분"(33절)으로 깊이 인식하게 됩니다. 그리고 마침내 "주여, 내가 믿나이다"(38절)라고 고백하며 예수님을 자신의 삶의 구원자이자 주인으로 받아들이게 되지요. 예수님께서 그를 실로암 연못으로 보내신 것 또한 빼놓을 수 없는 중요한 의미를 지닙니다. 실로암은 '보냄을 받은'이라는 뜻으로, 이는 그가 단순히 시력을 회복한 것을 넘어 세상에 '보냄 받은 제자'로서 사명을 가지고 파송되었음을 상징적으로 보여줍니다.

이러한 성경의 깊은 가르침은 오늘날 장애인 공동체를 섬기는 교사나 동역자들에게도 중요한 깨달음을 안겨줍니다. 교사가 학생들을 연민이나 동정의 시선으로만 바라보는 대신, 그 사람 안에 담긴 온전한 하나님의 형상과 특별한 사명을 발견하고자 하는 시선이 필요합니다. 그렇기에 장애인을 섬기는 교사는 단순히 돌봄을 제공하는 역할을 넘어, 시각장애인이 '보냄 받은 제자'로 살아가듯, 학생들 또한 하나님의 귀한 제자로 자라도록 돕는 진정한 동역자가 되어야 합니다. 믿음 안에서 예수님을 주님으로 고백하는 자리까지, 인내심을 가지고 학생들과 함께 동행하는 것이 무엇보다 중요합니다.

결국, 요한복음 9장은 장애의 유무를 넘어, 예수님을 만난 한 영혼이 참된 제자로 거듭나는 여정을 보여주며, 모든 그리스도인이 걸어가야 할 방향을 가르쳐줍니다. 더불어 교사들도 예수님의 '보냄 받은 한 사람'이라는 것을 기억하며, 장애인을 통해 하나님이 하시는 일을 함께 해나가는 은혜를 경험하게 되기를 바랍니다.

12월
대림·성탄절

대림·성탄절

유튜브링크

❶ 대림절

대림절은 성탄절을 준비하는 절기입니다.

부활하신 예수님

아기로 오신 예수님

❷ 대림절은 교회의 첫 번째 절기입니다.

성탄절 앞, 4주 동안을 대림절이라고 합니다.

대림절에는 1주에 1개씩, 모두 4개의 초에 불을 밝힙니다.
4개의 초는 서로 다른 뜻을 가지고 있습니다.

1주 : 진보라색은 기다림과 소망을 뜻합니다.
2주 : 보라색은 회개와 평화를 뜻합니다.
3주 : 밝은 보라색은 사랑과 나눔을 뜻합니다.
4주 : 연보라색은 만남과 화해를 뜻합니다.

예수님께서 우리의 죄를 깨끗하게 씻어주신다는 의미입니다.

이사야 1장 18절의 말씀을 읽고 써 봅시다.

우리의 죄는 흰 양털처럼

깨끗하게 씻어질 것입니다.

❺ 대림절을 맞이하는 우리의 자세

대림절은 우리를 죄에서 구원하실 예수님을
기다리는 시간입니다.

기쁘고 즐거운 성탄절을 맞이하기 전,
예수님을 더욱 묵상하는 시간입니다.

❻ 성탄절을 맞이하는 우리의 자세

성탄절은 아기 예수님께서 태어나신 날입니다.
우리는 아기 예수님께 감사하며, 찬양하고 경배합니다.
'**경배**'는 예수님을 사랑하고, 기뻐하고, 높이는 것입니다.

"하나님께서 장애인과 비장애인을 똑같이 사랑하신다고요?"

"기러기, 토마토, 스위스, 인도인, 별똥별, 그리고 우영우." 혹시 이 말을 들어보셨나요? 앞으로 읽어도, 거꾸로 읽어도 똑같은 단어들입니다. 몇 년 전 큰 사랑을 받았던 드라마 <이상한 변호사 우영우>에서 주인공이 자주 말하던 대사죠. 자폐 스펙트럼 장애를 가진 우영우는 앞과 뒤가 같은 단어들을 특별히 좋아하거든요.

이 드라마가 많은 사람들의 마음을 움직인 이유 중 하나는, 자폐 스펙트럼 장애를 가진 사람들을 새로운 눈으로 바라보게 해주었기 때문입니다. 예전에는 자폐 스펙트럼 장애인을 '특별한 천재'나 '불굴의 의지로 장애를 극복한 사람'으로만 그리는 경우가 많았어요. 하지만 이 드라마에서는 자폐 스펙트럼 장애를 가진 사람들도 우리와 똑같이 기쁨과 슬픔을 느끼고, 때로는 실수도 하고, 가끔은 놀라운 능력도 보여주는 평범한 사람들이라는 것을 제시합니다. 우리가 발달장애를 가진 학생들을 만날 때도 비슷한 일이 일어나요. 각각의 학생들은 정말 소중하고, 고유한 존재입니다. 겉으로 보이는 행동 뒤에는 그 사람만의 마음과 이야기가 숨어 있지요. 그래서 우리가 모든 장애인을 똑같이 대하는 것이 아니라, 한 사람에게 집중할 필요가 있습니다.

어떤 학생들에게는 충분한 시간을 두고 기다려주는 인내가 필요합니다. 서둘러 결과를 재촉하기보다는 그 학생만의 속도를 존중해주는 것이지요. 반면 어떤 학생에게는 분명하고 구체적인 지침과 체계적인 지도가 도움이 됩니다. 애매한 표현보다는 명확한 기준과 단계적인 설명이 안정감을 주기 때문이지요. 또 다른 아이들에게는 먼저 마음을 열고 들어주는 공감적 태도도 큰 힘이 됩니다. 판단하기 전에 이해하려 노력하고, 아이의 감정과 욕구를 진심으로 받아들여 주는 것입니다. 이렇듯 학생마다 필요한 것이 다르기 때문에, 우리는 미리 정해놓은 방법만 고집할 수 없습니다. "발달장애 학생들은 이렇게 해야 해"라는 공식은 없거든요. 대신 학생들의 모습을 그대로 받아들이고, 그 학생에게 맞는 방법을 찾아가는 지혜가 필요합니다. 마치 하나님이 우리를 있는 그대로 받아들여주신 것처럼요.

우영우가 좋아하던 단어들을 다시 생각해보면, 참 신기한 점이 있어요. 앞에서 읽든 뒤에서 읽든 똑같다는 거예요. 우리가 믿는 예수님도 그런 분이세요. 우리가 예수님을 '왕 중 왕'이라고 부르듯이, 처음도 끝도 변함이 없으신 분이죠. 우리가 잘할 때나 못할 때나, 기분이 좋을 때나 힘들 때나 똑같이 사랑해주시는 분입니다. 발달장애인 학생이 오늘 잘했든 어제보다 못했든, 혹은 우리의 기대와 다른 반응을 보이더라도, 우리 주님처럼 변함없이 사랑해 주기로 마음먹어 보면 어떨까요. 하나님의 변치 않는 사랑을 본받아서, 우리도 학생들에게 "언제나 너를 사랑해, 네가 어떤 모습이든 상관없어."라는 안정감을 줄 수 있으면 좋겠어요.

그런 든든한 사랑 안에서 함께 용납하고, 용납받으며 살아가시기를 바랍니다.

부록1
교회용어사전 1

교회용어사전 1

유튜브링크

❶ 할렐루야 Hallelujah

할렐루야는 '안녕하세요'같은 인사말이 아닙니다.
할렐루야는 '여호와를 찬양하라'는 뜻입니다.
내 옆의 사람에게 '함께 하나님을 찬양하자'고 말할 때 사용합니다.

❷ 아멘 Amen

아멘은 구호가 아닙니다.
예배 중에 습관처럼 내뱉는 말이 아니라는 뜻입니다.

아멘은 '정말 그렇습니다', '맞습니다'라는 뜻입니다.
기도나 찬송, 그리고 설교 내용이 정말 이루어지기를 바란다는 뜻
입니다.

❸ 샬롬 Shalom

샬롬은 '**평화**'라는 뜻입니다.
'안녕하세요', '안녕히 가세요'라는 인사말로 사용됩니다.

④ 예배하는 우리의 모습

예배 때 눈을 감는 것은
‘내가 온 마음으로
하나님을 예배합니다’
라는 뜻입니다.

예배 때 손을 드는 것은,
‘하나님 제가 여기에
있습니다’
라는 뜻입니다.

"예수님의 식탁에는 누가 앉을 수 있나요?"

성찬은 예수님께서 우리를 초대해주신 식탁입니다. 그러나 많은 경우 발달장애인은 이해가 어렵다는 이유로 성찬에서 제외되곤 합니다. 하지만 예수님께서 직접 제정하신 성찬은 교리를 완전히 알고 있어야만 참여할 수 있는 예식이 아닙니다. 예수님은 모든 사람을 사랑하시기에, 장애의 유무와 상관없이 모두를 식탁으로 부르십니다. 교사는 학생이 성찬에 참여할 수 있도록 친절히 안내하면서, 떡을 손에 쥐고 포도주를 마시는 간단한 행동만으로도 하나님의 은혜와 공동체의 환대를 경험할 수 있음을 알려주어야 합니다. 이렇게 떡과 잔을 나누는 경험은 학생이 성찬의 의미를 완벽히 설명하지 못하더라도, 예수님의 사랑이 모든 사람을 향하고 있다는 사실을 보여줍니다.

또한 성찬은 단순히 예수님을 기억하는 의식이 아니라, 함께 모여 하나님의 은혜를 나누는 신앙 공동체의 잔치입니다. 발달장애인이 성찬에 참여할 때, 그곳에 있는 모든 성도들은 자연스럽게 교회가 모든 사람을 포용하는 공동체임을 깨닫게 됩니다. 이 과정을 통해 성도들은 교회가 예수 그리스도를 머리로 하는 한 몸이라는 성경의 가르침을 깨닫게 되며, 장애인과 비장애인 모두가 공동체 안에서 서로 연결되어 있음을 느끼게 됩니다. 참여하는 학생은 자신이 공동체의 소중한 일원임을 깨닫고, 함께 나누는 은혜 속에서 소속감과 기쁨을 경험하게 됩니다.

예수님의 부활하신 몸 역시 구멍 난 손과 옆구리를 그대로 지니고 계셨습니다. 이는 우리의 연약함이나 부족함이 결코 성찬에 참여하지 못하게 만드는 이유가 될 수 없음을 보여줍니다. 예수님의 상처 난 몸 자체가 온전함을 나타내며, 발달장애인이나 연약한 몸을 가진 사람도 이해가 부족하거나 완벽하지 않아도, 예수님이 초대하신 성찬의 식탁에 당당히 앉을 수 있습니다. 성찬은 완전함을 요구하는 자리가 아니라, 하나님의 은혜와 사랑 속에서 모두가 함께 나누는 자리입니다. 이를 통해 학생들은 자신의 장애가 오히려 하나님의 은혜를 경험하는 통로가 되며, 공동체 안에서 온전히 연결된 존재임을 깨닫게 됩니다. 늘 같은 식탁으로 우리를 초대하시는 예수님을 기억하며, 기쁨으로 성찬에 참여하기를 바랍니다.

부록2
교회용어사전 2

교회용어사전 2

유튜브링크

❶ 복음

복음은 '좋은 소식'이라는 뜻입니다.
무엇이 '좋은 소식'일까요?

바로, 우리에게 '구원'을 선물로 주신 사실입니다.
하나님께서 우리를 하나님의 아들과 딸로 삼아주신 사실이
바로 구원입니다.

 에베소서 2장 8절의 말씀을 함께 읽고 써 봅시다.

하나님이 우리를 구원하셨습니다.

하나님께서 우리에게 주신 선물입니다.

❷ 인자

인자는 '사람의 아들'이란 뜻입니다.
특별히, 성경에서 예수님은 자신을 인자라고 말씀하십니다.

✏️ 마가복음 10장 45절을 함께 읽고 써 봅시다.

예수님은 인자이십니다.

우리를 위해 이 땅에 오셨습니다.

❸ 미쁘다

미쁘다는 '믿을 만하다'는 뜻을 가지고 있습니다.
'신실하다'라고 쓰이기도 합니다.

 디모데후서 2장 11절의 말씀을 함께 읽고 써 봅시다.

하나님은 언제나 우리와 함께 계십니다.

신실하신 하나님이십니다.

❹ 우상

우상은 '사람이 마음대로 만든 하나님의 모습'입니다.
하나님보다 우상을 더욱 사랑하는 것을 우상숭배라고 합니다.

✏️ 출애굽기 20장 4절의 말씀을 함께 읽고 써 봅시다.

우상을 만들지 마십시오.

우상은 하나님이 아닙니다.

회개는 '잘못을 뉘우친다'는 뜻입니다.
특별히, 잘못을 뉘우치고 하나님을 깊이 생각한다는 뜻을
가지고 있습니다.

마태복음 4장 17절의 말씀을 함께 읽고 써 봅시다.

회개하십시오. 회개한 사람이

하나님을 만날 수 있습니다.

천국에 들어갈 수 있습니다.

"장애와 무능, 무슨 차이일까요?"

누가 장애인을 대표할까요? 가장 유명한 장애인은 영국의 물리학지 스티븐 호킹 박사입니다. 우리나라에서는 네 손가락 피아니스트 이희아 씨가 있겠네요. 하지만, 우리 사회 속 수많은 장애인 중 극소수의 장애인만이 '장애 극복' 서사의 주인공이 됩니다. 이처럼 장애는 전통적으로 손상이나 결함으로 이해됐습니다. 이는 지극히 의료적 해답을 요구하죠. 앞을 못 보면 눈 수술을 하고, 듣지 못하면 보청기를 사용하는 것처럼 말입니다. 이 관점에서 장애는 치료가 불가능할 경우, 개인의 고통이자 비극으로 전락하고, 장애인은 '무엇을 할 수 없는' 무능력한 사람으로 치부됩니다. 하지만 시대별, 지역별 의료 수준에 따라 치료 가능 영역이 달라지기에, 손상과 결함은 장애를 100% 설명할 수 없습니다.

계단 앞에 놓인 휠체어를 상상해 보겠습니다. 휠체어는 개인의 신체적, 정신적 결함을 대표합니다. 걸을 수 없기에 휠체어를 사용해야 하죠. 이처럼 신체적, 정신적 결함으로 인해 한 개인은 장애를 경험하고, 그 장애를 경험한 개인은 일상생활과 사회생활에 심각한 제약을 받습니다. 삶 전반에 크고 작은 제약을 받지만 특별한 해결책은 보이지 않습니다. 유일한 해결책이라곤 개인이 그 결함을 없애는 것이죠. 다른 말로 장애를 극복해야 합니다. 하지만 의료적 원인이 분명치 않은 발달장애인에게 적용되기란 쉽지 않은 일입니다.

반대로 계단은 우리 주변의 환경을 대표합니다. 만약 계단이 위치한 곳에 오르막길이 있다면 어땠을까요? 휠체어로 오르막길을 오르기 어렵다면 엘리베이터는 어떨까요? 스스로 걸을 수 없는 한 사람이 가진 조건은 같지만 주변 환경에 따라 이 사람은 계단 앞에서 제약을 받기도 하고 그렇지 않기도 합니다. 사회 구성원의 인식 또한, 크게 작용합니다. 아무리 좋은 환경이 갖추어져 있다 한들 공동체가 장애인을 그 구성원으로 수용해주지 않는다면 빛 좋은 개살구일 뿐입니다.

그렇기에, 장애는 그것을 경험한다는 점에서 지극히 개인적인 것이면서도, 사회 구성원 전체의 합의가 필요하다는 점에서 분명히 사회적인 것이 됩니다. 결국, 한 개인이 환경의 차이에 따라 사회 속에서 장애를 경험할 수도 있고, 그렇지 않을 수도 있게 됩니다. 특별히, 장애인은 생리적 불편, 일상의 제약, 혐오와 참여의 배제를 평생에 걸쳐 경험하면서 사람들의 머릿속에서 지워지거나, 있어도 없는 사람 취급당하기 일쑤입니다. 자연스럽게 사회의 비주류로 밀려나게 되죠. 비주류가 된다는 것은 개인의 생각과 의견이 쉽게 묵살된다는 뜻입니다. 공적 담론의 장에서 장애인 집단의 의견이 수용되지도 않고, 사적인 자리에서 개인의 생각과 의견이 너무나 쉽게 무시되기도 하죠.

결국 이들이 '무엇을 할 수 없는' 무능력한 존재로 여겨지는 이유는 그들이 물리적 결함을 가지고 있어서가 아닙니다. 바로 우리 사회가 그들에게 목소리를 낼 기회를 주지 않고, 함께 살아갈 방법을 고민하지 않기 때문이죠. 사회적 무관심과 배제가 무능이라는 낙인을 찍고 있습니다. 안타깝게도, 이는 그리스도의 몸인 교회 역시 마찬가지입니다. 장애인을 향한 교회의 문턱은 갈수록 높아지고, 그마저 진행되는 사역은 부수적일 뿐입니다. 결국, 교회는 세상의 무관심을 답습하고, 장애인들을 '함께 살아갈 지체'가 아닌 '돌봄의 대상', '무능력한 존재'로 치부하는 곳이 되어버리는 것이죠.

부록 3
장례

장 례

유튜브링크

하나님의 위로와 평강이
유가족들과 함께하길 기도합니다.

❶ 장례 때 쓰는 말들

문상 갔을 때, 유가족들을 어떻게 위로해야 할까요?
올바른 표현을 알아봅시다.
*유가족은 '돌아가신 분'의 가족을 말합니다.

첫째,
[고인의 명복을 빕니다.]
명복은 '저승에서 받는 좋은 복'이라는 뜻입니다.

이것보다는,
"하나님의 위로가 함께 하시기를 바랍니다"라고 말해봅시다.
"주님의 위로를 빕니다"라고 말해도 좋습니다.

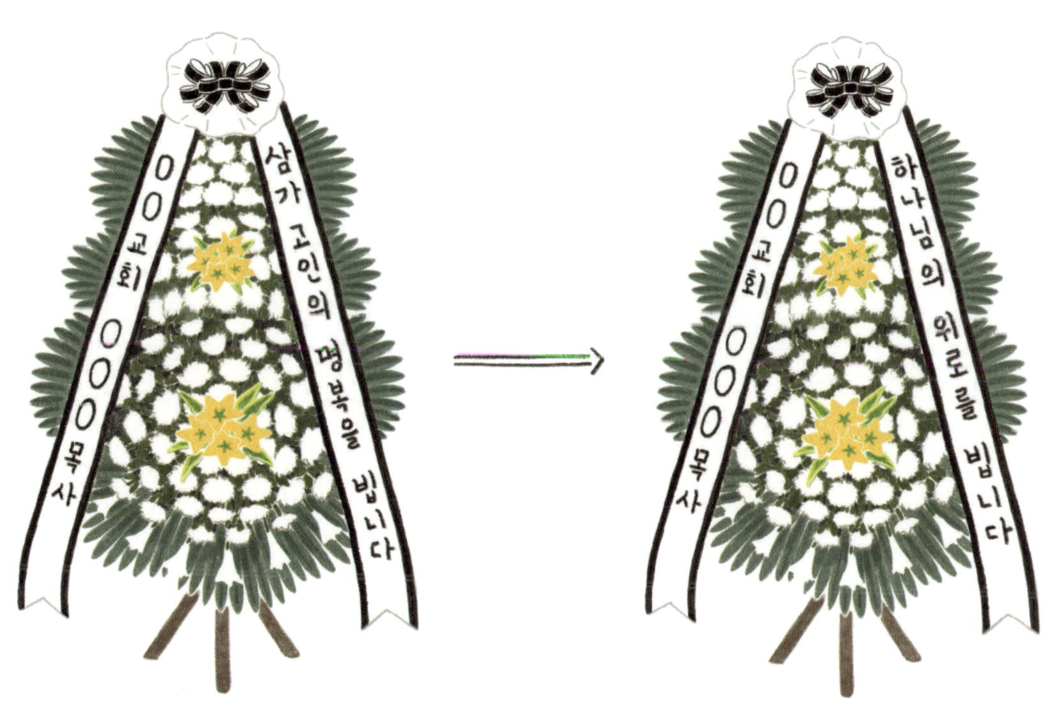

두 화환의 차이점을 찾아봅시다.

둘째,
[타계하셨다]
타계는 '죽어서 저승에 갔다'라는 뜻을 가지고 있습니다.

이것보다는,
"별세하셨다"라고 말해야 합니다.
"하나님의 품으로 돌아가셨다"라고 말해도 좋습니다.

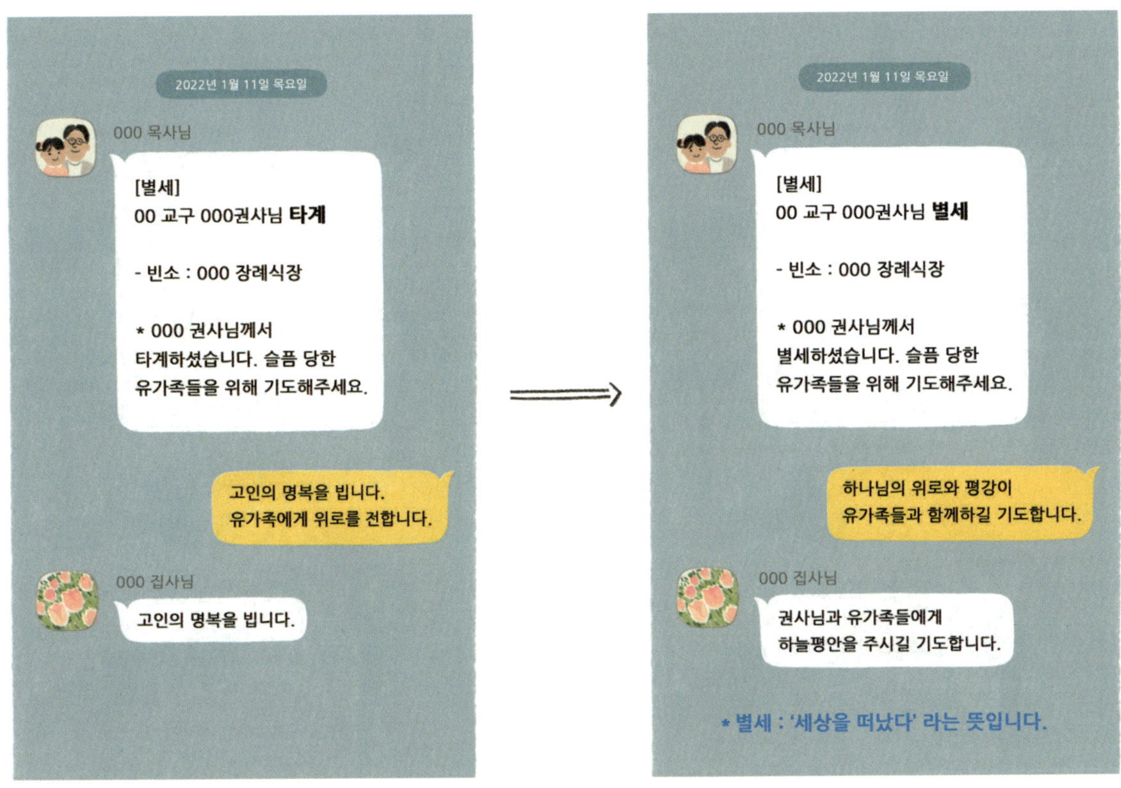

두 대화의 차이점을 찾아봅시다.

셋째,
[영결식]
영결은 '죽은 사람과 영원히 이별한다'라는 뜻입니다.

하지만, 기독교인은 부활을 믿습니다.
기대하는 기독교 신앙을 따라,
이 시간을 [장례예식]이라고 말해야 합니다.

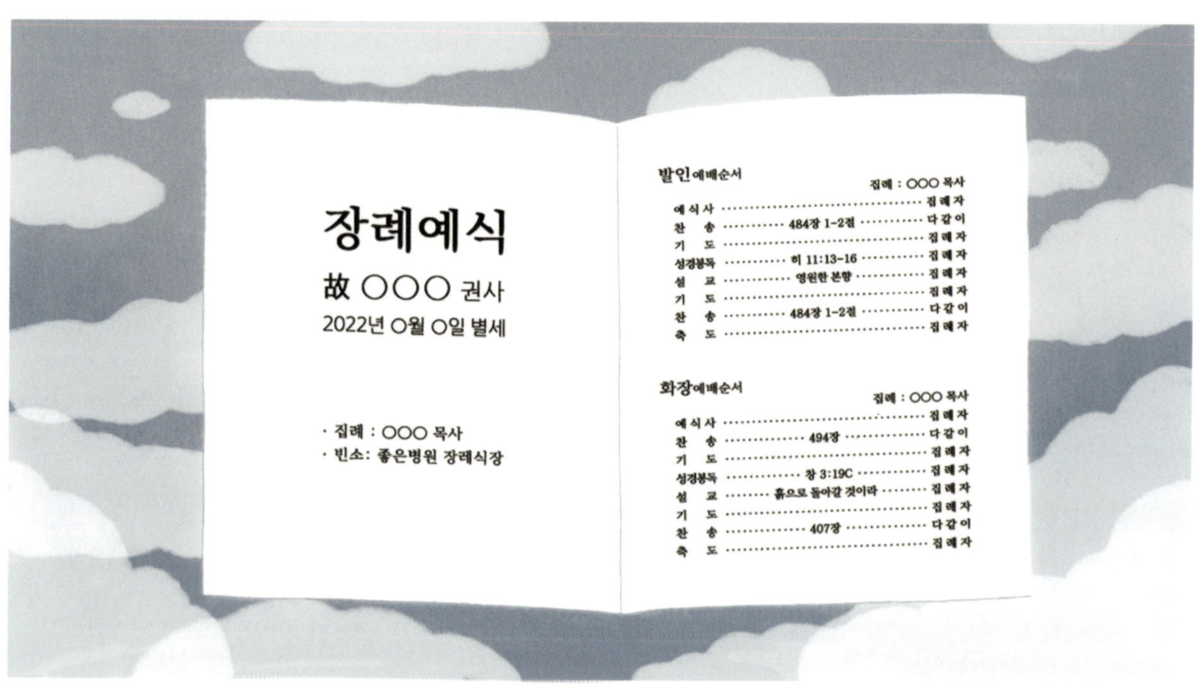

넷째,
[분향]을 해야 할까요?
분향은 향을 피우는 것을 말합니다.

분향은 불교의 용어입니다.
'부정한 기운을 깨끗히 한다'는 뜻을 가지고 있습니다.

대신, '애도'의 마음을 담아 [헌화]를 합니다.
헌화는 꽃을 바치는 것을 뜻합니다.

분향   헌화

다섯째,
마지막으로 장례식에 갔을 때, 진심으로 위로해야 합니다.
유가족을 위해 기도해야 합니다.

"교회의 유휴 공간 활용,
돌봄 사각지대를 메울 수 있는 기회 아닐까요?"

최중증 발달장애인 24시간 돌봄 지원체계는 발달장애인 가정의 돌봄 부담을 덜고 비극적인 사건을 예방하기 위해 마련된 중요한 정책 중 하나입니다. 그러나 이 정책은 '최중증'이라는 새로운 기준을 만들어내고, 오히려 새로운 돌봄 사각지대를 발생시킬 수도 있다는 질문을 받기도 합니다. 그렇기에 교회는 계속해서 생겨나는 정책의 틈새를 메꾸고, 지역사회 돌봄의 사각지대에 놓인 발달장애인 가정을 품는 역할을 감당해야 합니다.

정부는 저출산 문제 등 사회가 직면한 다양한 사회 문제를 극복하기 위해 돌봄 시설의 원활한 공급을 모색하고 있습니다. 특별히, 국토교통부는 건축법 시행규칙(국토교통부령 제1439호)을 개정하며 종교시설과 노유자시설(노인 및 유아 복지시설) 간의 복수 용도를 허용하여 지방건축위원회의 심의를 생략할 수 있도록 했습니다. 이는 교회가 가진 유휴 공간을 지역사회 돌봄을 위한 공간으로 활용할 수 있는 중요한 법적, 사회적 기반이 마련되었음을 의미합니다. 교회는 이러한 변화를 단순히 건물 활용의 문제가 아닌 지역사회 취약 계층을 섬길 수 있는 절호의 기회로 인식해야 합니다. 특별히, 교회는 그동안 품지 못했던 발달장애인 가정을 적극적으로 초대하여, 예수 그리스도의 사랑을 실천하는 공동체로 거듭날 수 있습니다.

그렇다면, 교회의 구체적 역할은 무엇이 돼야 할까요? 첫째, 교회는 발달장애인 맞춤형 돌봄 공동체를 구축할 수 있습니다. '최중증' 등의 기준에 얽매이지 않고, 개별 발달장애인의 특성과 가정의 상황을 면밀히 살펴 그들의 필요를 채워주는 공동체 말이죠. 둘째, 교회의 유휴 공간을 활용해 발달장애인의 주간활동을 지원할 수 있습니다. 주간활동서비스는 지역사회 기반의 소규모 그룹 활동으로써 발달장애인을 대상으로 한 가장 효과적인 지원 체계 중 하나입니다. 교회는 주중에 잠들어 있는 공간을 발달장애인의 낮 활동 거점 공간으로 제공하여 발달장애인의 사회 참여를 돕고, 부모의 돌봄 부담을 실질적으로 경감시켜줄 수 있습니다. 셋째, 교회는 발달장애인을 위한 전문 인력을 양성할 수 있습니다. 발달장애인 돌봄의 핵심은 사람입니다. 그렇기에, 교회는 내적으로 각성된 봉사자들을 '발달장애인을 전문적으로 지원할 수 있는 종사자'로 양성하고, 이들에게 지속적인 교육과 슈퍼비전을 제공할 수 있는 체계를 마련해야 합니다. 이는 단순히 봉사를 넘어, 돌봄의 질을 높이고 안전한 환경을 조성하는 데 필수적입니다.

결론적으로 교회는 발달장애인을 '최중증'이나 '중증', 혹은 '장애인'이라는 이름으로 분류하는 대신, 그 자체로 존중받는 공동체를 만들어가야 합니다. 사회가 놓치고 있는 돌봄의 사각지대를 메우고, 발달장애인과 그 가족이 절망의 끝에서 희망을 찾을 수 있는 '생명의 울타리'가 되어주는 일에 교회가 먼저 손을 내밀어 보는 것은 어떨까요?

부록4
성찬

성찬

유튜브링크

❶ 예배 때, 빵과 포도주를 먹어본 적이 있나요?

이 시간을 '성찬식'이라고 부릅니다.

❷ 성찬식의 의미를 알아볼까요?

제자들과 마지막 식사 시간에,
예수님께서는 '떡'과 '포도주'를 주셨습니다.

3 예수님께서 떼어 주신 '떡', 무슨 의미일까요?

성찬식의 떡은 예수님의 몸입니다.

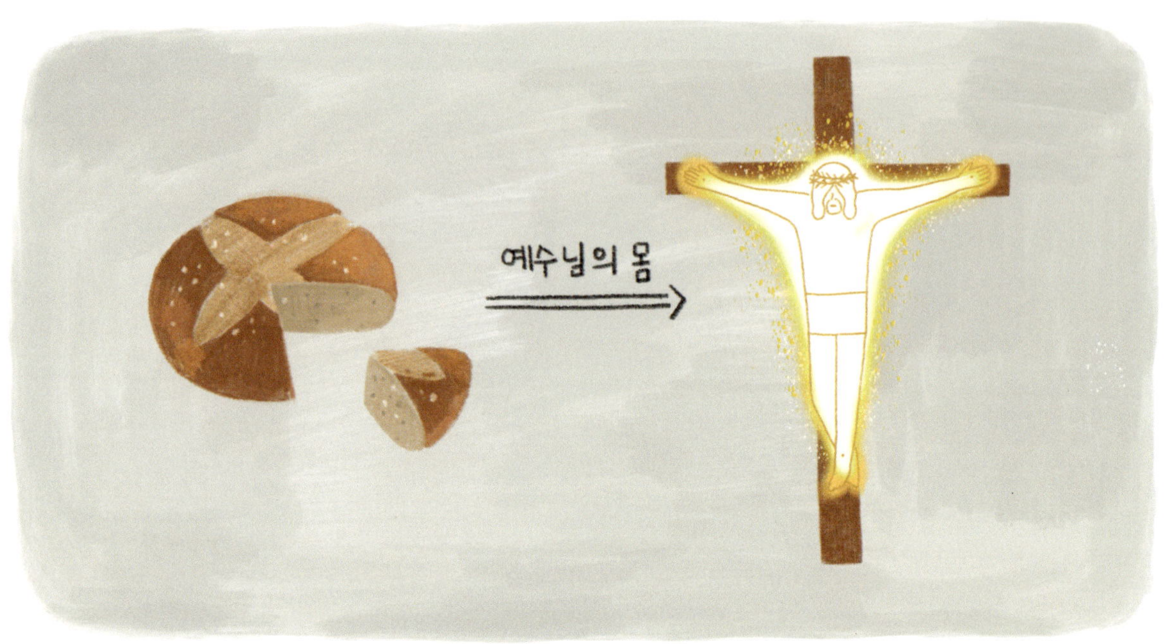

🖍 마태복음 26장 26절을 함께 읽고 써 봅시다.

이 떡을 먹어라.

이것은 내 몸이다.

❹ 예수님께서 건네주신 '포도주', 어떤 의미일까요?

성찬식의 포도주는 예수님의 피입니다.

✏️ 마태복음 26장 28절을 함께 읽고 써 봅시다.

내가 너희 죄를 대신해 죽을 것이다.

이 포도주는 십자가에서 흘린 내 피다.

⑤ 성찬식, 왜 하는 것일까요?

'떡'과 '포도주'를 먹을 때,
나를 위해 죽으신 예수님의 사랑을 깊이 생각할 수 있습니다.

함께 먹고 마심으로써,
교회 안에서 모두가 한 가족임을 알게 됩니다.

"장애인은 장애인?"

제가 섬겼던 성인발달장애인 주간보호센터에는 저보다 나이가 한참 많은 다운중후군 이용인 한 분이 계셨습니다. 그런데 시설에서 생활할 때, 함께 시설을 이용하는 다른 이용인 분들에게 '어른들이 이야기하는 데 끼어들면 안 되지'라고 말씀하실 때가 있었습니다. 여기서 어른은 누구일까요? 저를 포함한 사회복지사들입니다. 물리적 나이로 본인보다 한참 어린 사람에게 어른이라니요. 이해가 되시나요? 아마도 어렸을 때부터 지금까지 자신은 장애를 가지고 있기에 보호받아야 하는 사람, 무능력한 사람, 미성숙하고 어린 사람으로 교육받았을 겁니다. 그러니 자기를 지켜주는 사회복지사들이 어른으로 느껴질 수밖에 없겠죠.

장애인을 가장 잘 설명해주는 단어가 하나 더 있습니다. 바로 장애인입니다. 장애인을 장애인이라 말하는데, 이게 무슨 말이냐고요?

장애인은 지역사회 내에서 기피의 대상이 되기 쉽습니다. 그러다 보니 다양한 사회적 활동에서 참여가 배제되어 왔죠. 특수학교 졸업 이후 갈 곳은 두세 곳으로 정해져 있습니다. 보호 작업장 같은 직업재활시설이나 주간보호센터 같은 보호시설입니다. 명칭도 다르고 내부 프로그램도 다르지만 '돌봄'이라는 공통의 목적을 가지고 있습니다. 그렇다면, 효과적인 '돌봄'은 어떻게 가능할까요? 매우 쉽습니다. 통제하면 됩니다. 엄격한 규율을 통해 '안 돼!'라고 하거나 '이거 해!'라고 하며 해야 할 것과 하지 말아야 할 것을 정해주면 됩니다. 가장 쉬운 돌봄의 방법 중 하나입니다.

이런 방식이 안전한 돌봄을 위해 어느 정도 필요할지 모르겠습니다. 하지만, 발달장애인이 보이는 개별 행동의 이유를 특정한 상황과 맥락 안에서 이해하지 않고 문제로만 인식한다면 어떻게 될까요? 감시와 통제 그리고 엄격한 규율만 남은 곳에 '안 돼', '그만 해!'와 같은 기계적인 문장만 허공에 맴돌 뿐입니다. 인간 사이의 최소한의 교감은 고사하고, 개인은 통제하는 자와 통제받는 자로 나뉘게 됩니다. 그러다 보니 발달장애인 개인이 가진 고유한 특성, 개성은 무시되기 쉽고, 장애인은 '나'란 개인이 아닌 '장애인'이란 집단으로 집단화되죠.

이런 상황에 그들의 꿈과 비전은 허무맹랑한 꿈이 되어버리곤 합니다. 그림의 떡, 사치스러운 욕심이 될 뿐이죠. 하지만, 최소한 교회와 그리스도인은 모든 인간이 그 목적에 맞게 창조되었다고 믿습니다. 그 목적에 발달장애인이라고 제외되었을 리 만무합니다. 그렇기에, 내 주위의 발달장애인에게 "네 꿈이 뭐니?" 물어보았으면 좋겠습니다. 개인이 가진 고유한 특성과 개성, 고민과 형편에 귀 기울였으면 좋겠습니다. 이런 질문과 대답이 서로 간에 공유될 때, 장애인과 비장애인은 통제하는 자와 통제받는 자의 관계를 넘어서게 될 것입니다. 그리고 장애인을 장애인으로 보지 않고 '너'라는 존재, 하나님이 지극히 사랑하시는 '사람'으로 보게 될 것이라 확신합니다.

부록 5

세 례

세 례

유튜브링크

❶ 예배 때, 머리에 물을 붓는 모습을 본 적이 있나요?

이 시간을 세례식이라고 부릅니다.
예수님께서도 세례를 받으셨습니다.

✏️ 마가복음 1장 9절의 말씀을 읽고 써 봅시다.

많은 사람들이 세례 요한에게

물로 세례를 받았습니다.

예수님께서도 요단 강에서

세례를 받으셨습니다.

② 그렇다면 세례는 어떤 의미일까요?

우리의 죄가 물로 '씻겨졌다'라는 뜻입니다.

✏️ 마태복음 3장 11절을 함께 읽고 써 봅시다.

세례를 받음으로써,

우리의 죄는 사라졌습니다.

죄로 더러워졌던 우리

↓

(물)세례 받음

↓

죄가 사라지고 깨끗해짐

3 세례를 받고 우리는 무엇을 알 수 있을까요?

세례를 받을 때,
'예수님을 믿으며 살아야지' 다짐합니다.

 골로새서 2장 12절의 말씀을 읽고 써 봅시다.

세례를 받으며

'예수님 따라 살겠다'고 결심합니다.

세례를 받음으로써,
교인들은 내가 같은 교회의 성도임을 알게 됩니다.

"장애인의 성과 사랑, 교회는 어떻게 응답해야 할까요?"

장애인의 성과 사랑에 대한 이야기는 우리 사회에서 여전히 꺼내기 어려운 주제 중 하나입니다. 이 침묵의 기저에는 장애를 '개인의 비극'으로 치부하고, 그들의 삶을 '안전'과 '생존'이라는 명목 아래 가두어두려는 뿌리 깊은 편견이 자리 잡고 있습니다. 이는 결국 장애인의 삶을 공적인 담론에서 철저히 배제하고, 그들의 가장 기본적인 자기결정권마저 부정하는 결과를 초래합니다.

우리는 장애인을 온전한 인격체로 마주하는 데 익숙하지 않습니다. 그들은 흔히 통계나 기호로 소비되며, 고유한 존재로서의 '나'를 잃은 '익명의 사람들'이 되곤 합니다. 또한, 그들은 비장애인과 분리된 공간에서 생활하며 세상과의 교류가 단절되어 '만나기 어려운 사람들', '공적 담론의 장에서 배제된 존재'로 남기도 합니다. 특별히, 이 편견을 가장 잘 표현해주는 단어 중 하나가 '어른아이'입니다. 신체적으로는 성인이지만 사회적으로 미성숙하다는 이 낙인은 그들의 성적 주체성마저 부정하고, 인간의 자연스러운 욕구를 억압하는 근거가 됩니다. 제가 예전에 섬기던 주간보호센터에서 저보다 한참 나이 많은 다운증후군 이용인이 저를 '어른'이라 불렀던 것처럼 우리 사회는 장애인들에게 깊은 보호와 통제의 논리를 각인시켜 왔습니다.

그렇기에 장애인의 삶은 개인이 아닌 '장애인'이라는 집단으로 묶여 통제와 감시의 대상이 되곤 합니다. 그 결과 그들 각자가 가진 고유한 특성, 꿈, 그리고 비전은 존중받지 못하고 비현실적인 것으로 외면당하기 일쑤입니다. 성과 사랑은 더욱더 그러하죠. 하지만 성과 사랑은 단순히 육체적 욕구를 다루는 문제만이 아닙니다. 이는 장애를 가진 삶이 '잘못된 삶'이라는 비극적 편견에 맞서고, 모든 인간이 가진 타인과의 교감과 관계를 맺는 행위를 말합니다.

이러한 현실 앞에서 교회는 이떻게 응답해야 할까요? 교회는 세상이 '잘못된 삶'이라 부르는 장애인을 하나님의 형상으로 지음 받은 온전한 존재로 존중해야 합니다. 이는 단순히 그들의 욕구를 통제하는 것이 아니라, 그들의 온전한 인격과 주체성을 회복시키는 과정이 되어야 합니다. 또한, 그들이 가진 고유한 개성과 잠재력을 인정하고, 그들의 삶이 비장애인의 기대나 편의에 맞춰 재단되지 않도록 보호해야 합니다. 장애인의 성과 사랑이라는 주제는 궁극석으로 그들이 디인과 관계를 맺고, 인간으로서의 존엄을 온전히 누리는 일과 깊이 연관되어 있기 때문입니다.

그렇기에 우리는 장애인의 성과 사랑, 더 나아가 결혼을 단순한 욕구 해소의 수단이 아닌, 인격적인 교감을 나누는 거룩한 연합으로 이해해야 합니다. 장애인의 성과 사랑을 이해하려는 이 수고로운 과정은 장애인이 사회적 담론에서 배제되었던 아픔을 치유하고, 모두가 함께 어우러져 '온전한 삶'을 살아가는 길을 모색하는 축복의 통로가 될 것입니다. 이 길 위에서 우리는 비로소 하나님께서 인간을 향한 온전함을 깊이 모색하는 은혜를 경험하게 될 것입니다.

부록6
AAC 세례문답

유튜브링크

① 누가 세상을 만들었나요? 짚어보세요.

하나님

공사하는 사람

② 예수님이 십자가에 달려 죽으셨다가 어떻게 되셨나요?

동굴 안에
누워있는 예수님

살아나셔서
동굴 밖에 계신 예수님

③ 예수님께서는 나하고 멀리 계실까요?
가까이 계실까요?

예수님과 가까이
있는 사람

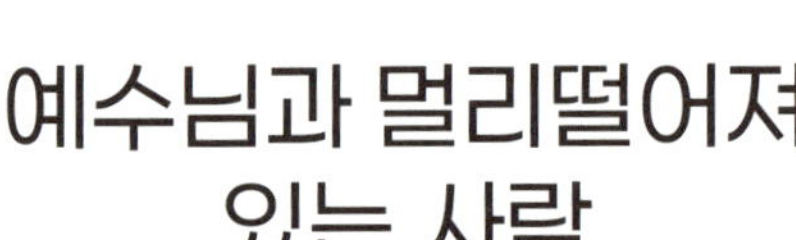

예수님과 멀리떨어져
있는 사람

④ 죄로 더러워진 내가
누구 때문에 깨끗해졌나요?

예수님

청소부

⑤ 예수님 믿는 사람들이
모인 곳은 어디인가요?

교회

공원

⑥ 하나님이 하신 말씀이 어디에 적혀 있나요?

성경

동화책

⑦ 싸우는 사람이 되고 싶어요,
사이좋게 지내는 사람이 되고 싶어요?

사이좋은 친구

싸우는 모습

⑧ 나는 세례를 받고 어떤 사람이 되고 싶어요?

하나님의 사람

화가 난 사람

"나는 자유롭다는 교만?"

모든 부모의 가슴속에는 자녀를 향한 무한한 기대와 소망이 깃들어 있습니다. 10살 된 딸아이가 있는 저도 마찬가지입니다. 자녀가 돌잡이에서 무엇을 잡을지 설레는 마음으로 지켜보듯, 부모는 자녀의 삶에 자신의 꿈과 이상이 투영되기를 바랍니다. 이 간절한 염원 때문에 자녀 양육을 '재생산'이라고 부르기도 합니다. 내 자녀가 나보다 나은 삶을 살길 원하고, 형통이란 복을 누리길 바라죠.

하지만, 발달장애 자녀를 둔 부모의 현실은 이 소망과 거리가 멉니다. 자립을 개인의 역량이라 정의하는 사회에서 발달장애 자녀를 통한 재생산은 먼 나라 이야기와 같습니다. 이 때문에 발달장애 부모는 해결되지 않는 깊은 상실을 경험하고, 끝없는 돌봄의 무게 앞에서 소망 없는 상태에 직면합니다. 김홍덕 목사님의 저서「교회여! 발달장애인에게 성례를 베풀라」서문에 담긴 부모의 절규는 이 냉혹한 현실을 보여줍니다. 지적장애인을 대상으로 성례전을 시행하지 않는 교회를 향해 '내 자녀를 떼놓고 혼자 천국 가려 애쓰는 못된 부모 같다'라고 말하는 부모들의 외침은 소망 없이 눈물 흘리는 이들의 마음 상태를 고스란히 드러냅니다.

그렇기에, 교회의 장애인 사역은 선택이 아닌 필수적인 사명이 돼야 합니다. 교회는 소망 없는 이들에게 소망을 주는 곳이기 때문입니다. 하지만, 많은 교회는 장애인 사역을 주저합니다. 좀더 생경한 발달장애인 사역은 더욱 그러하죠. 이 상황을 가장 잘 보여주는 교회의 사역이 성찬과 세례, 곧 성례전입니다. 인지 능력이 부족한 이들에게 어떻게 성례전을 베풀 수 있냐는 반복된 질문은 장애에 대한 뿌리 깊은 오해를 드러냅니다. 이 질문의 저변에는 마치 비장애인인 우리는 하나님의 신비를 온전히 이해할 수 있다는 교만한 전제가 깔려 있습니다. '나는 결핍과 제한으로부터 자유롭다'라고 말하는 오만함이죠.

종종 "발달장애인에게 성례를 어떤 방식으로 진행해야 합니까?"라는 질문을 받습니다. 그들은 특별한 방식을 기대하지만, 사실 특별한 것은 없습니다. 성례는 본래 시각적, 감각적 방식으로 하나님의 신비를 드러내는 예전이기에, 오히려 발달장애인에게 그 의미가 더욱 온전히 전달될 수 있습니다. 비장애인인 우리조차 온전히 이해할 수 없는 하나님의 신비를 발달장애인에게만 이해를 요구하는 것은 인간의 교만일 뿐입니다.

최대열 목사님은「장애조직신학」에서 성육신을 성자 예수 그리스도의 '장애 입으심', '장애화'라고 표현합니다. 무소부재하시고 전지전능하신 하나님께서 스스로를 제한하고 인간의 몸으로 오신 사건이야말로 장애를 가장 잘 표현하며, 하나님께서 이 땅의 모든 결핍과 고통을 친히 감당하셨음을 보여줍니다. 인간은 하늘을 자유롭게 날 수도 없고, 죽었다가 다시 살아날 수도 없는 존재입니다. 할 수 있는 것보다 할 수 없는 것이 훨씬 더 많고, 할 수 있는 것조차 완벽하다고 말할 수 없는 지극히 제한적인 존재이죠. 우리는 본질적으로 결핍과 제한 속에 놓여 있음을 깨달아야 합니다.

　따라서 교회의 발달장애인 사역은 단순한 복지나 봉사를 넘어, 그리스도의 성육신을 따르는 신앙의 본질적 행위가 돼야 합니다. 이는 소망 없는 자에게 참된 소망을 주는 일이며, 자녀의 장애를 비극이 아니라 하나님의 은혜를 경험하는 특별한 통로로 이해하게 해주는 거룩한 부르심입니다.

감사의 글

<하나님, 저도 알고 싶어요>가 탄생하기까지 마음과 사랑, 그리고 구체적인 재정을 후원해준 모든 분들께 진심으로 감사를 드립니다. 이 책이 완성되어가는 과정 속에서 보내주신 수많은 따스한 손길 덕분에 조금 더 힘을 내서 책을 완성시킬 수 있었습니다. 그래서 <하나님, 저도 알고 싶어요>는 저희 모두에게 사랑의 증거이자 은혜의 증거이기도 합니다.

조금 더 욕심을 내보자면, <하나님, 저도 알고 싶어요>가 구체적인 교회 현장에서 알차게 쓰임받기를 원합니다. 모든 책이 그러하듯, 이 도서 역시 부족한 점이 분명 있을 것입니다. 그럼에도 불구하고, 주님께서 이 도서를 귀하게 사용하시리라 믿으며, 계속해서 더 좋은 내용으로 보완해나가도록 하겠습니다.

다시 한 번, 머리 숙여 감사드립니다.

곽 호, 진영채, 황성재, 훈훈출판 드림